Les Pages De Ma Vie

Les Pages De Ma Vie

Karine Grand

Les Pages De Ma Vie

Autobiographie

En application de l'art. L.137-2.-I. du code de la propriété intellectuelle, toute reproduction et/ou divulgation de parties de l'oeuvre dépassant le volume prévu par la loi est expressément interdite.

© Karine Grand, 2025

Relecture : Sandrine Chamrion

Édition : BoD · Books on Demand, 31 avenue Saint-Rémy, 57600 Forbach, bod@bod.fr
Impression : Libri Plureos GmbH, Friedensallee 273, 22763 Hamburg (Allemagne)

Impression à la demande
ISBN : 978-2-3225-6021-9
Dépôt légal : Avril / 2025

A mes parents, pour m'avoir donné une enfance merveilleuse, à mes enfants et à mon mari que j'aime plus que tout

Déjà 49 ans, je vais bientôt fêter mes cinquante ans. L'histoire que je m'apprête à partager est la mienne, et je ressens le besoin de la raconter, dans l'espoir d'aider celles et ceux qui se trouvent dans une situation similaire à faire de meilleurs choix, sans attendre que la vie leur file entre les doigts. Nous n'avons qu'une seule vie, et il est crucial de la vivre pleinement, jour après jour. Il est essentiel de profiter des gens que nous aimons, tout en nous débarrassant des relations toxiques qui nous épuisent et rendent nos choix difficiles.

J'ai vécu ce sentiment de piège, d'être coincée dans des relations nuisibles, de voir le temps passer sans réellement vivre, simplement parce que l'emprise de certaines personnes me paralysait. Ces relations m'ont poussée à rester dans des situations où je me sentais impuissante, où je n'osais pas prendre les décisions qui auraient pu changer ma vie. Mais aujourd'hui, avec du recul, je sais que l'on peut toujours se relever. Peu importe la durée de votre souffrance ou la force de l'emprise de l'autre, il est toujours possible de prendre un nouveau départ.

Je vous encourage à ne pas attendre. Si vous sentez que quelque chose ne va pas, si vous êtes entouré de personnes qui vous tirent vers le bas, ne craignez pas de faire des changements. Ne laissez pas la peur de l'inconnu ou l'incertitude vous priver de la vie que vous méritez. Vous méritez d'être entouré de gens qui vous soutiennent, qui vous aiment et qui vous élèvent. Ne laissez pas l'ombre de relations toxiques obscurcir votre existence.

Votre bonheur, votre paix intérieure, sont à portée de main. Prenez les décisions nécessaires pour vous entourer de bienveillance, et surtout, n'attendez pas que le temps passe sans rien changer. Chaque jour offre une nouvelle opportunité de reprendre le contrôle de votre vie, de faire des choix audacieux et de vous libérer des influences néfastes. Ne perdez jamais de vue ce qui est vraiment essentiel : votre bonheur, votre santé mentale et votre bien-être.

Je n'écris pas mon histoire pour susciter la pitié ou pour que l'on me plaigne face aux épreuves que j'ai traversées pendant tant d'années. Il y a eu aussi des moments merveilleux, des instants de joie et d'amour. Tout au long de ce parcours, j'ai toujours assumé mes choix, même lorsque ceux-ci étaient difficiles. J'ai eu l'opportunité de partir à tout moment, mais faire ce choix aurait impliqué de lourdes conséquences et la souffrance. Je voulais raconter mon histoire pour vous prouver que le bonheur existe vraiment. Chacun de nous a, quelque part, une personne qui nous correspond, mais il faut savoir l'attendre avec patience, endurance et vigilance. J'ai moi-même attendu pendant des années, espérant qu'un jour cette personne viendrait. Puis, j'ai fini par croire que cela n'arriverait jamais, que le bonheur n'était pas pour moi, ou que j'étais punie pour les erreurs que j'avais faites et la souffrance que j'avais causée à ceux que j'aimais.

Mais malgré tout, je me suis battue, avant tout pour mes deux enfants que j'aime plus que tout. Aujourd'hui, je suis fière de n'avoir jamais abandonné, même lorsque les épreuves semblaient insurmontables. Je suis ici pour vous dire qu'il est possible de trouver le bonheur, mais cela nécessite du courage et une persévérance sans faille. Le chemin est difficile, mais il vaut la peine d'être parcouru.

"Je vais essayer de vous raconter mon histoire : une vie qui a commencé sous les meilleurs auspices, qui a connu des épreuves et des difficultés, mais qui est aujourd'hui un véritable bonheur."

Maman vivait avec sa mère, son beau-père et ses deux demi-frères. Ce n'était pas toujours un environnement serein à la maison. Son beau-père avait un problème avec l'alcool, et ma grand-mère, que je n'ai jamais connue, manquait de la force de caractère nécessaire pour lui tenir tête. Elle a sans doute beaucoup souffert, et je crois qu'elle a même été emportée par cette souffrance. C'est un sujet difficile, que l'on n'aborde que rarement, mais je sais que cette période de sa vie a profondément marqué ma mère Lorsqu'elle a rencontré papa, maman était une jeune femme rousse, aux cheveux longs et toute mince. C'est souvent ce qu'on raconte : papa lui a sauvé la vie. Ils se sont rencontrés, puis mariés, alors que maman était encore mineure. Ils ont vécu un petit mariage simple, dans un appartement modeste. Ce bonheur, bien que modeste à ses débuts, dure maintenant depuis plus de cinquante-deux ans. Rapidement, maman est tombée enceinte. À dix-neuf ans, elle a accueilli ma sœur en mars, une jolie petite rousse qui a fait le bonheur de ses jeunes parents. Puis, à peine quinze mois plus tard, maman est de nouveau tombée enceinte, probablement de manière inattendue. C'est ainsi que je suis arrivée le 13 juin 1973. Mes parents m'ont souvent dit qu'ils espéraient un garçon. Maman en a pleuré, mais j'étais là, et ils n'avaient plus le choix. La tristesse a rapidement laissé place au bonheur, bien qu'élever deux filles d'âges si rapprochés n'ait pas été facile. J'ai grandi dans une famille où l'amour et la résilience étaient au cœur de tout. Mes parents ont traversé de nombreuses épreuves ensemble, et leur histoire d'amour, malgré les difficultés, m'a toujours inspirée à croire en la possibilité du bonheur. J'ai toujours dit que, quand je serais grande, je voudrais rencontrer quelqu'un comme mon père. Je le vois comme un mari aimant, attentif, patient et calme, bien qu'il cache une certaine anxiété intérieure... Un peu comme moi, finalement."

L'appartement est rapidement devenu trop petit, alors mes parents ont pris la décision de faire construire une maison dans un petit village à la campagne, dans un lotissement où j'ai grandi. À l'époque, il n'y avait pas beaucoup de maisons, mais aujourd'hui, vous verriez, le paysage a bien changé.

Mon enfance a été formidable. Nous nous connaissions tous, et la vie en lotissement était vraiment agréable. Je garde de très bons souvenirs des soirées belote, des barbecues, des batailles de boules de neige et de l'atmosphère conviviale qui régnait. Nous allions à l'école au bout de la rue avec tous les enfants du quartier, qui étaient presque tous des garçons. Le soir, on se retrouvait tous pour jouer, et nos parents se connaissaient bien, renforçant ainsi le lien au sein de notre petite communauté. J'ai eu une très belle enfance, et de précieux souvenirs sont gravés dans ma mémoire. Mes parents se disputaient rarement, et jamais devant nous. Il y avait toujours beaucoup d'amour entre eux, et cela perdure encore aujourd'hui, même après cinquante-deux ans de mariage.

Maman était plus stricte que papa, et heureusement, car il n'avait pas beaucoup d'autorité sur nous. Cela dit, il arrivait parfois qu'il intervienne, comme cette fois où nous étions en train de faire la vaisselle (oui, nous avions un lave-vaisselle, mais il ne servait que le week-end). Maman m'a demandé quelque chose, et je lui ai répondu, mais je n'avais pas vu mon père derrière moi. La baffe est tombée, et comme j'étais adossée au mur, ma tête a rebondi, et le mur m'en a infligé une autre. On raconte souvent cette histoire lors des réunions familiales, mais sur le moment, je ne rigolais pas du tout. Ces souvenirs, qu'ils soient bons ou mauvais, font partie intégrante de mon histoire. Ils m'ont appris la valeur de la famille, et de l'amour. Par leur exemple, mes parents m'ont montré comment surmonter les difficultés et apprécier les moments de bonheur, qu'ils soient petits ou grands.

Maman a travaillé dans plusieurs domaines au cours de sa vie. Je me souviens particulièrement de l'époque où elle travaillait dans une usine près de chez nous, un endroit où travaille maintenant ma sœur. Le matin, avant de nous emmener chez la nourrice, il fallait gratter le pare-brise à l'intérieur de la voiture, car il gelait. Même lorsqu'elle conduisait, le pare-brise continuait à geler, rendant chaque trajet un peu plus difficile. Quelques années plus tard, maman est devenue ASEM (Agent Spécialisé des Écoles Maternelles) dans l'école de notre village. Le samedi matin, elle travaillait, et c'était papa qui prenait en charge la maison et nous, les enfants. Il mettait toujours la table à neuf heures, pour être certain que tout serait prêt à l'heure du retour de maman. Au menu, nous avions droit à une piémontaise, souvent accompagnée d'une mayonnaise qui ne ressemblait à rien, mais que nous adorions tout de même. Et pour compléter ce repas, nous avions le choix entre des bolognaises ou des frites, ce qui était toujours un moment de bonheur pour nous.

J'aimais bien les samedis matin avec papa. Nous allions au PMU et j'avais droit à une menthe à l'eau. En rentrant, maman me demandait :

- Vous avez été au bar avec papa ?
- Non, maman.

Elle rigolait car j'avais des moustaches vertes et je ne savais pas mentir, ça se voyait sur mon visage, même maintenant.

Ces souvenirs sont précieux pour moi. Ils témoignent de l'amour et de l'attention de mes parents, même dans les moments les plus simples de la vie quotidienne. Maman et papa ont toujours su rendre notre enfance spéciale, malgré les défis qu'ils ont dû relever. C'est dans ces petits moments de complicité et de joie que j'ai appris la valeur de la famille et de l'amour inconditionnel.

Papa, je l'ai toujours connu travaillant dans une usine de fabrication de médicaments en tant que préparateur pharmaceutique. Nous allions à l'arbre de Noël organisé par son travail, où il y avait un spectacle et le Père Noël passait. Je me souviens de certains de ses collègues, notamment d'un monsieur noir qui me faisait un peu peur avec ses dents très blanches. Avant ma naissance, il avait également travaillé comme tailleur de pierre et boucher chevalin.

Souvent, j'accompagnais mon père à la pêche avec notre voisin et ses garçons. Il fallait se lever très tôt, vers cinq heures du matin. Papa disait toujours : « Si tu n'es pas prête à cinq heures, je ne te réveille pas, tu restes là. »

- T'inquiète papa, je serai prête à l'heure.

Je crois que je ne dormais pas de la nuit, laissant ma porte ouverte pour l'entendre. La veille, nous préparions tout le matériel de pêche et surtout le casse-croûte de neuf heures : pain, pâté, jus de fruit, et vin pour les papas. J'adorais ces moments de complicité avec mon père. J'étais très garçon manqué et nous rigolions beaucoup.

Le voisin râlait toujours sur ses fils car il passait son temps à démêler leurs lignes de pêche. Pendant ce temps, papa et moi profitions pleinement de ces moments précieux. Ces souvenirs me rappellent à quel point les petits instants partagés peuvent forger des liens forts et durables.

Mon père a toujours su comment rendre chaque moment spécial, que ce soit à travers ses attentions simples ou ses gestes affectueux. Ces souvenirs de pêche, de préparation et de rires restent gravés dans ma mémoire, témoignant de la richesse de notre relation et de l'amour inconditionnel qui la nourrissait.

Avec ma sœur, nous nous querellions souvent, comme dans toutes les fratries, je pense. Nous n'avons que quinze mois de différence, mais nous avons deux caractères totalement opposés. Déjà physiquement, nous ne nous ressemblons pas du tout : elle est rousse, avec la peau blanche et des taches de rousseur partout, tandis que j'ai les cheveux châtains et la peau mate. Les seuls points communs sont nos yeux bleus et notre "culotte de cheval", héritage de notre mère.

Elle était toujours studieuse à l'école, obéissante envers nos parents, et respectait strictement les horaires de sorties. Bref, tout le contraire de moi. Certains mercredis matin, nous restions seules à la maison avec, bien sûr, des consignes strictes de nos parents : ne pas ouvrir la porte, ne pas répondre au téléphone, ils cachaient les allumettes pour que nous ne jouions pas avec, faire nos leçons, faire nos lits et mettre la table pour le repas du midi.

On avait notre rituel. Tout devait être fait rapidement : les corvées, les devoirs, tout, pour pouvoir profiter de la matinée et construire notre cabane sous la table de la cuisine. Une couverture, quelques coussins, et voilà notre petit monde, un refuge où l'imaginaire régnait. Je me souviens de cette fois où nous étions seules à la maison. Tout était calme, jusqu'à ce qu'un énorme bruit résonne soudainement dans le garage. Terrifiées, nous avons attrapé chacune une fourchette, comme si cela pouvait nous protéger. Nos cœurs battaient à toute vitesse, l'adrénaline montait... Nous avons pris notre courage à deux mains pour aller voir ce qui s'était passé. Finalement, ce n'étaient que des bocaux en verre qui étaient tombés. Mais pourquoi ? Comment ? Ça, nous ne l'avons jamais su. Une frayeur inoubliable !

Nous partagions une chambre et, si cela fonctionnait bien quand nous étions petites, les choses se sont compliquées en grandissant. Pour tenter de préserver un peu d'intimité, nous avions bricolé une séparation avec nos armoires, créant ainsi deux espaces distincts. Mais soyons honnêtes, cela n'a jamais vraiment suffi. Nos chamailleries étaient mémorables, et nos batailles de polochons transformaient régulièrement la pièce en véritable champ de bataille. Inévitablement, maman finissait par débarquer pour nous gronder. Mais une fois la tempête passée, nous éclations de rire, chacune recroquevillée dans son lit, complices malgré tout.

Finalement, nos parents ont pris les choses en main. Ils ont aménagé l'étage et nous ont donné à chacune notre propre chambre. On aurait pu croire que cela allait nous éloigner, mais c'était tout le contraire. Bien que chacune ait enfin son espace, nous finissions toujours dans la chambre de l'autre, à discuter, à rire, à partager des secrets. Ma chambre était décorée de paquets de cigarettes épinglés au plafond et d'une pyramide de canettes de soda, que ma sœur prenait un malin plaisir à détruire chaque fois que nous nous disputions. Il y avait aussi une porte donnant accès au grenier, un endroit qui m'a toujours terrifiée. Il faut dire que je suis une vraie peureuse. Ce n'est que récemment que j'ai arrêté de regarder sous mon lit ou dans les placards avant de me coucher. Certaines habitudes ont la vie dure !

Onze ans après mon arrivée, le garçon tant espéré de toute la famille a finalement vu le jour. C'était une nuit froide de février. Papa nous a réveillées en pleine nuit pour nous déposer chez la nourrice. On était dubitatives : ce n'était pas la première fois qu'il nous faisait ce coup-là. Mais cette fois-ci, c'était vrai. Le moment était arrivé.

Quand nous avons appris que c'était un petit garçon, la joie était immense. Enfin, un petit frère ! En le voyant pour la première fois, on était aux anges : il était si beau, notre petit prince. Les premiers temps, nous étions des grandes sœurs dévouées, prêtes à tout pour le chouchouter.

Mais avec le temps, les choses ont changé. Notre adorable petit frère s'est transformé en une petite tornade envahissante. Il fallait le garder, lui changer ses couches, ou jouer avec lui. Si au début, tout cela était amusant, j'ai fini par m'en lasser. Mon monde changeait, et mes priorités aussi : je préférais de plus en plus passer du temps avec mes copains et copines.

Même si nos chemins d'intérêts divergeaient parfois, il reste un pilier de mes souvenirs d'enfance, et un lien spécial entre nous a toujours persisté.

Ces souvenirs reflètent la dynamique typique de notre famille, avec ses hauts et ses bas, ses moments de complicité et de conflit. Malgré nos différences et nos querelles, l'amour et le soutien familial ont toujours été présents, nous liant à travers les années.

Après vous avoir parlé de mes parents, de ma sœur et de mon frère, il est temps de me présenter un peu. Dans notre petite tribu, j'étais le garçon manqué. Maman, toujours soucieuse de me voir jolie, s'appliquait chaque matin à me faire de belles couettes bien serrées avant que je parte à l'école. Mais il fallait croire que ce n'était pas mon truc : je défaisais souvent ses œuvres avec impatience, ou je perdais les chouchous en cours de journée.

Les robes et les chaussures vernies ? Très peu pour moi. Je préférais les pantalons pratiques et les baskets, parfaits pour courir, sauter, grimper aux arbres ou rouler par terre avec les copains. Les jeux dits "de garçons" me passionnaient bien plus que les poupées ou les dînettes.

Quand je rentrais de l'école, c'était souvent un spectacle : des pantalons déchirés, des genoux écorchés, et des vêtements irrémédiablement tachés de boue ou d'herbe. Maman soupirait, mais au fond, je crois qu'elle admirait un peu mon énergie débordante et ma soif d'aventure.

J'ai toujours été libre, un peu rebelle, et profondément moi-même. Cette spontanéité, ce besoin d'être hors cadre, a longtemps été ma force.

Mais il fut un temps où je me suis oubliée, où j'ai renoncé à qui j'étais pour plaire à un homme. Peu à peu, je me suis effacée, devenant une version de moi qui ne me ressemblait plus.

Aujourd'hui, j'ai retrouvé mon authenticité. Je suis enfin moi, sans artifice ni compromis. Plus jamais je ne me nierai pour correspondre aux attentes des autres. J'aime cette petite fille insouciante que j'étais, pleine de joie et de vie. Et aujourd'hui, je suis de nouveau cette personne. Plus forte, plus consciente, et surtout, libre d'être qui je veux être.

Parmi les souvenirs d'enfance qui me marquent encore, il y a celui de notre classe verte en CM2. Une semaine loin de la maison, sans les parents pour surveiller nos moindres faits et gestes : c'était l'aventure, le rêve pour tous les enfants que nous étions.

Nous avons vécu tellement de choses durant cette semaine : des randonnées en pleine nature, la visite chez Olga, une dame pleine de gentillesse, qui nous a montré comment elle fabriquait du beurre à l'ancienne. Et puis, il y avait les veillées, des moments magiques où on riait, on se racontait des histoires, et on partageait une vie de groupe si différente de notre quotidien.

J'ai adoré cette vie en communauté, avec son ambiance joyeuse et légère. Mais il faut avouer qu'à cet âge, l'hygiène n'était pas ma priorité. Une semaine sans me laver : pour moi, c'était un détail, mais pas pour maman. À mon retour, elle n'a pas manqué de me faire remarquer l'état de mes cheveux et mes vêtements !

Cette année-là, j'ai redoublé mon CM2. J'aimais bien mon instituteur, Hervé : il avait une approche chaleureuse et prenait le temps de nous écouter. Mais redoubler ne me dérangeait pas. En fait, je n'étais pas pressé d'aller au collège. L'école et moi, ça n'a jamais été une grande histoire d'amour.

Maman, pourtant, ne cessait de me répéter que j'avais des capacités, mais que je manquais d'envie. Elle avait raison. Ma sœur, elle, était tout le contraire. Studieuse et déterminée, elle passait des heures à réviser et à travailler ses leçons. Moi, je préférais mille fois les activités en plein air ou les moments passés à rêver.

La transition du primaire au collège était inévitable. C'était une nouvelle étape qui me laissait à la fois curieuse et un peu inquiète. Chaque matin, le bus scolaire emmenait tout un groupe d'enfants au même établissement. C'était comme une petite communauté dans un plus grand monde.

C'est au collège que j'ai rencontré une fille portant le même prénom que moi, mais avec un "C". Un détail qui, étrangement, nous a rapprochées immédiatement. À partir de ce jour, nous sommes devenues inséparables.

Nous étions comme deux moitiés d'une même pièce, toujours prêtes à vivre des aventures ensemble. Si l'une avait une idée folle, l'autre était là pour la suivre sans hésiter. Et des bêtises, on en a fait ! Rien de grave, bien sûr, mais assez pour donner du fil à retordre à nos professeurs et amuser nos camarades.

Ce lien, forgé dans l'insouciance de nos jeunes années, était précieux. Nous étions là l'une pour l'autre, pour rire, pour partager nos secrets, et aussi pour nous soutenir quand les choses étaient moins drôles.

Avant les cours, ma copine et moi avions une habitude bien à nous : cacher nos cartables respectifs. C'était un petit jeu entre nous, mais les conséquences n'étaient jamais très drôles. Quand le professeur arrivait et nous voyait sans nos affaires, sa patience fondait comme neige au soleil. Furieux, il finissait toujours par nous envoyer directement chez le directeur.

À la maison, maman nous achetait des fournitures scolaires simples, pratiques, sans fioritures. Pas de crayons fantaisie, ni de gommes parfumées comme celles de nos camarades. Alors, un jour, nous avons décidé de prendre ce que nous n'avions pas, directement dans les cartables des autres filles. Pendant un moment, personne ne s'est rendu compte de nos "emprunts". Mais, comme pour toutes les mauvaises actions, la vérité a fini par éclater.

Le jour où nous nous sommes fait attraper reste gravé dans ma mémoire. Le directeur a convoqué nos parents, et pour la première fois, mon père a fait le déplacement jusqu'au collège. Le verdict est tombé : trois jours d'expulsion.

Ces trois jours ont été une véritable punition, mais ils n'ont pas suffi à me calmer complètement. Peu de temps après, j'ai fait une autre bêtise : voler des bonbons à la boulangerie. Malheureusement (ou heureusement pour la leçon), le patron m'a vue et s'est rendu directement chez mon père, qui était en train de jouer au tiercé dans le PMU juste à côté. Je revois encore son regard. Ce jour-là, papa, je sais que tu as eu honte de moi et que je t'ai déçu, je m'en veux toujours autant.

Ce ne sont pas des souvenirs dont je ne suis pas fière, mais ils font partie de mon histoire. J'espère qu'avec le temps, tu as pu me pardonner. Ces erreurs m'ont appris que chaque action a ses conséquences et qu'il vaut mieux choisir le bon chemin dès le départ.

En dehors de ça, je ne faisais vraiment pas grand-chose et je ne m'intéressais à rien, sauf au sport. Un jour, mon père m'a dit :

- Je te donnerai dix francs à chaque fois que tu auras un vingt sur vingt.

J'ai obtenu un vingt en sport, et là, il m'a dit :

Ça ne marche pas pour le sport, super, le seul que j'ai eu, bien sûr.

À force de multiplier les bêtises et après une série d'avertissements, le directeur a fini par prendre une décision radicale : il a insisté pour que je change de collège. Ma copine a également été invitée à partir, officiellement "pour le bien-être des professeurs". Aujourd'hui, avec le recul, je réalise à quel point nos actions ont pu perturber leur quotidien et rendre leur travail plus difficile. Un jour, lors d'une porte ouverte chez un viticulteur, j'ai croisé mon ancien professeur de musique du collège. Vingt ans avaient passé, et pourtant, il m'a reconnue immédiatement. À vrai dire, ce n'est pas si étonnant... Je lui en ai fait voir de toutes les couleurs à l'époque, le pauvre ! À tous ces enseignants que nous avons malmenés, je tiens à présenter mes excuses les plus sincères.
C'est ainsi que j'ai terminé ma quatrième année dans un autre établissement, cette fois-ci privé, et

donc payant. Mes parents, très déçus par mon comportement, ont voulu me faire comprendre les conséquences de mes actes. Pour me punir, ils ont décidé de ne pas payer le car scolaire. Résultat : je devais parcourir six kilomètres, matin et soir, à vélo pour aller à l'école.
Enfin, pas toujours. Parfois, mon voisin prenait le bus et se chargeait de ramener mon vélo à la maison. Sur le moment, c'était un soulagement, mais quand mes parents l'apprenaient, c'était une autre histoire ! Malgré tout, ce changement de collège m'a permis de repartir sur de nouvelles bases, même si le chemin pour comprendre mes erreurs a été long.

Cet été-là, j'avais décidé de travailler à l'usine de champignons et de loger chez le frère de ma mère. C'est un homme plutôt autoritaire, qui imposait des règles strictes, comme celle de manger du pain avec notre fromage, une habitude qui irritait ma sœur et moi. Nos parents, eux, ne disaient rien, ce qui nous agaçait encore plus.

Mais cet été-là a pris une tournure inattendue. Mon travail n'a duré qu'une semaine. Un soir, nous étions partis dîner dans une guinguette en famille avec mes parents, mon frère et les parents de mon copain, qui avaient pris leur propre voiture. Mon père était au volant. La nuit était tombée, et l'ambiance était joyeuse, ponctuée de discussions et de rires. Nous avons pris la route du retour et soudain, des phares ont surgi droit sur nous. J'ai crié, puis tout est devenu flou.

Je ne me souviens pas de tout, mais on m'a retrouvée de l'autre côté de la route. Mon frère, lui, était dans le coffre, tenant encore le guide Michelin. Quand je me suis réveillée, j'étais à l'hôpital. Des mains découpaient mon pantalon, la douleur était insoutenable, et mes cris résonnaient dans la pièce. Derrière la vitre, j'ai cru voir mon père, mais ma mère m'a plus tard expliqué que ce n'était pas lui.

Le diagnostic était clair : j'avais le bassin fracturé et devais subir une opération pour poser des plaques et des vis. Ce fut un été très particulier, passé allongée à l'hôpital, incapable de bouger. À seize ans, cela n'était pas simple à vivre. Heureusement, le personnel soignant était extraordinaire. Ils me chouchoutaient et prenaient grand soin de moi.

Cependant, accepter l'aide pour les gestes les plus basiques, comme se laver ou aller aux toilettes, était un vrai défi pour moi. Les nuits étaient particulièrement difficiles : je pleurais souvent, rongée par la douleur et l'inquiétude. Les infirmiers, compatissants, m'ont même emmenée parfois dans leur salle de pause, afin que je ne sois pas seule. Cela me rassurait et m'aidait à trouver un peu de sérénité dans ce chaos.

Après l'accident, la gendarmerie est venue m'interroger, mais je ne me souvenais de rien. Ils ont même voulu que je porte plainte contre mon père, mais c'était impensable pour moi. Mon père souffrait également énormément, avec plusieurs côtes cassées et la rate éclatée. Nous étions tous sous le choc.

Maman, venait tous les jours nous voir, mon père et moi, malgré ses hématomes, sa fatigue physique et psychologique. Elle devait jongler entre mon frère, qui n'avait heureusement pas été blessé, ma sœur qui était en apprentissage, la maison, et surtout les démarches auprès des assurances, qui ne couvraient rien parce que mon père avait consommé un peu d'alcool avant l'accident. C'était une période très difficile pour nous.

Quand je suis rentrée à la maison, la situation n'a pas été facile. Maman m'a installé un lit dans le salon, car ma chambre était à l'étage. Je me déplaçais en fauteuil roulant, avec l'interdiction absolue de poser un pied par terre. Elle m'avait installé une chaise dans la baignoire pour m'aider à me laver. Chaque jour, l'infirmière passait nous faire à moi et à mon père des piqûres pour éviter les phlébites, tout en s'occupant aussi de mon père, qui souffrait terriblement de ses côtes cassées. Elle était devenue une véritable infirmière, veillant sur nous sans relâche, nous soignant, nous réconfortant. Mais derrière sa force et son dévouement, je sentais son épuisement. Parfois, je l'entendais pleurer en silence, mais jamais elle ne se plaignait.

Maman, tu as fait preuve d'un courage et d'une patience incroyables. Je te remercie du fond du cœur pour tout ce que tu as fait.

La rééducation a été longue. J'ai dû utiliser des béquilles pendant plus d'un mois, surtout pendant l'été. Je ne pouvais pas sortir, alors ce sont mes amis qui venaient me rendre visite. Je me souviens de la foire aux Lumas fin juillet, la fête du village. Ils sont venus me chercher pour passer l'après-midi ensemble. Avant l'ouverture des autos-tamponneuses, ils m'ont fait faire un tour sur la piste avec mon fauteuil roulant. Ce fut un moment de légèreté et de complicité, un rayon de soleil dans cette période si difficile.

Cela m'avait fait beaucoup de bien de sortir un peu de la maison, de changer d'air et de soulager un peu maman pour qu'elle puisse se reposer.

J'ai beaucoup souffert physiquement et moralement, mais maman était toujours là pour me remonter le moral. De toute façon, comme elle dit toujours aujourd'hui : « Ça va aller, ne t'inquiète pas ». Elle reste forte pour tout le monde, tout le temps.

La rentrée scolaire arriva, et, n'ayant pas réussi au collège, j'ai fait ma troisième à la maison familiale, en internat, à seulement trois kilomètres de chez moi. Cette période de ma vie était un peu spéciale. Mon copain (qui deviendra plus tard le père de ma fille) venait me voir tous les soirs, à moto, au portail de la maison familiale. Ce n'était pas toujours simple, surtout avec mes béquilles, mais ça me faisait tellement de bien de le voir.

La seule matière qui m'intéressait vraiment à l'école, c'était le sport. C'est aussi là que j'ai appris beaucoup d'autres choses, comme la cuisine et un peu de couture, des compétences qui allaient m'être utiles plus tard. Mais, ce qui m'a vraiment marquée, c'étaient les stages que nous devions faire. À l'époque, je n'étais pas vraiment scolaire, alors ces expériences m'ont permis de découvrir des aspects de la vie qui m'intéressaient beaucoup plus.

J'ai d'abord effectué un stage chez Petit Bateau, en centre-ville, où j'ai eu l'occasion de prendre des responsabilités, ce qui m'a beaucoup plu. Ensuite, j'ai fait un autre stage dans un restaurant, où j'ai travaillé dans le service en salle. C'était une expérience très différente, mais tout aussi enrichissante. Ces stages ont été une révélation pour moi.

C'est aussi pendant cette période que j'ai eu une autre première expérience assez marquante. J'ai emprunté la mobylette orange de ma mère pour la première fois. Bien sûr, avec ma chance habituelle, je suis tombée en panne dans une rue sombre, sans éclairage public. À seize ans et plutôt peureuse, j'ai eu une grosse frayeur. Heureusement, j'ai trouvé une maison près de la rue et j'ai pu frapper à la porte pour demander à téléphoner à mes parents (pas de portable à l'époque). Ils sont venus me chercher, et je n'ai plus jamais remonté sur cette mobylette après cet incident.

Mon dernier stage, chez notre infirmière, qui venait tout juste d'avoir des jumelles. C'était une occasion en or pour moi de découvrir le métier de nourrice, un métier que j'exercerai moi-même plus tard pendant dix ans. Les jumelles n'avaient que trois mois, mais elles étaient adorables, et je m'occupais d'elles toute la journée. C'était une expérience très enrichissante. D'ailleurs, j'ai eu la chance de retrouver l'une des jumelles récemment lors d'une transaction immobilière. Plus de trente ans après, c'était tellement drôle de la revoir et de repenser à cette période !

Malgré une scolarité difficile, j'ai réussi à obtenir mon Brevet des Collèges, ce que personne ne pensait possible. J'étais fière de moi, même si ça n'a pas été facile. Depuis toute petite, je rêvais d'être boulangère, mais finalement, j'ai opté pour la vente. J'ai décidé de faire un apprentissage, et mes parents m'ont dit de me débrouiller pour trouver un patron. Ce n'était pas gagné, surtout pour une fille de la campagne comme moi, mais je n'ai pas baissé les bras. Quand j'ai cherché un poste dans l'habillement, je me suis retrouvée dans une boutique de maroquinerie de luxe, où j'ai travaillé pendant deux ans. Ce fut un véritable défi, mais j'ai appris énormément pendant ces années.

Mes patrons étaient assez particuliers : lui était très gentil et patient, j'appréciais vraiment passer du temps avec lui, car il prenait le temps de m'expliquer les choses. Mais, elle était une vraie peau de vache. Avec le recul, je me rends compte qu'ils étaient finalement de bons maîtres d'apprentissage. Elle me forçait à porter des jupes, ce qui était très difficile pour moi, car j'étais plutôt garçon manqué et je me sentais mal à l'aise avec ces tenues. Lorsqu'on refaisait la vitrine, elle me disait toujours : « On dirait un éléphant dans un magasin de porcelaine ». J'avais du mal à disposer correctement les sacs et les bibelots dans la petite vitrine, et chaque fois que quelque chose tombait, elle me grondait devant les clients, ce qui me mettait mal à l'aise.

Je descendais souvent à la cave, prétextant faire du rangement, mais en réalité, c'était mon refuge pour pleurer et décompresser, loin de son regard sévère. Jamais je ne laissais paraître mes émotions devant elle. Elle me disait que j'étais "bonne à rien", mais semblait pourtant me réserver les tâches ingrates, comme si elle attendait toujours plus de moi. Plusieurs fois, je suis rentrée chez moi en pleurant, en me demandant pourquoi je devais subir tout cela, mais je savais que je n'avais pas d'autre choix : quand on commence quelque chose, on doit aller jusqu'au bout.

Ils avaient deux magasins en centre-ville, et je faisais la navette entre les deux, souvent en courant, surtout lorsqu'il fallait transférer des articles d'un magasin à l'autre. Ces moments-là étaient un peu plus tranquilles, car au moins, elle n'était pas constamment sur mon dos. Parfois, je prenais un peu plus de temps pour faire ces trajets, juste pour éviter ses reproches incessants.

Malgré tout ce qu'elle m'avait dit, et même si elle n'y croyait pas, j'ai persévéré et j'ai fini par obtenir mon CAP-BEP. Quand est venu le moment de quitter le magasin, elle a tout fait pour me retenir. Elle voulait que je reste comme vendeuse, car bizarrement, je m'étais améliorée. Mais moi, j'avais décidé que je ne voulais plus travailler pour elle. J'ai dû batailler pour obtenir mon attestation de travail. Elle me proposait du travail, mais d'une manière assez autoritaire, comme si je n'avais pas le droit de refuser. Finalement, c'est elle qui a cédé, et je suis partie sans me retourner.

Elle a longtemps hanté mes nuits, mes cauchemars étaient si réels que je me réveillais le matin persuadé que je travaillais encore pour elle. Elle me faisait vraiment peur. Cette période a été extrêmement difficile à digérer, mais je savais que je devais tourner la page. C'est alors que j'ai postulé pour l'ouverture d'un « Gifi » et que j'ai réussi l'entretien avec succès. Là, tout a changé. J'ai fait la rencontre de personnes très sympas et nous avons formé une équipe presque entièrement féminine, ce qui était un vrai bonheur. Chaque soir, je rentrais chez moi heureuse d'avoir passé une journée agréable et épanouissante au travail.

Jusqu'à présent, ce que je vous ai raconté peut sembler être la vie que tout le monde pourrait avoir, une enfance heureuse, des parents aimants. Mais comme pour chacun, il y a eu des moments difficiles, ceux que personne ne souhaite vivre, mais qui ont fait partie de mon parcours. Aujourd'hui, j'ai besoin d'en parler avec mes propres mots, des mots simples, parfois durs à entendre, mais les écrire m'aide à accepter certaines réalités.

Il y a eu des épreuves, des moments qui, aujourd'hui encore, me glacent lorsque j'y repense.

Ces expériences ont façonné la personne que je suis devenue, et le fait de les partager me permet de les apprivoiser, de les intégrer à mon histoire. C'est un processus de guérison, une façon de donner un sens à ce que j'ai vécu.

On pourrait dire que je n'ai pas vraiment profité de ma jeunesse, que je n'ai pas multiplié les relations amoureuses. Mon premier amour, je l'ai connu à 15 ans, je crois. C'était notre voisin, une famille avec cinq garçons, presque comme des grands frères. Évidemment, il était l'homme de ma vie, et nous allions être heureux ensemble jusqu'à la fin… À cet âge, on nous fait vraiment croire n'importe quoi. Il était mon premier amour, donc pour moi, c'était ça, l'amour véritable, Aujourd'hui, je sais que ce que j'ai vécu avec lui n'était pas le véritable amour, car maintenant, je le vis réellement. Et croyez-moi, c'est du pur bonheur.

Nos parents se connaissant bien, nous passions beaucoup de temps ensemble. Parfois, le week-end, je restais dormir chez lui dans une petite chambre, rarement ouverte, souvent en désordre, comme c'est le cas dans beaucoup de chambres d'adolescents et qui ne sentait pas très bon. Le lit était trop petit pour deux, mais ça ne me dérangeait pas. Nous étions amoureux, alors cela n'avait aucune importance. Cependant, il y avait une chose qui me tracassait : me lever la nuit pour aller aux toilettes, en espérant ne pas croiser son père. Ce dernier avait un regard étrange, et il me faisait souvent des remarques inappropriées, des paroles grossières qui n'étaient vraiment pas adaptées à une jeune fille de 16 ans. Bien sûr, je rigolais parfois à ses blagues, mais au fond, je n'étais pas à l'aise. Rester seule avec lui dans une pièce me mettait vraiment mal à l'aise.

Puis, il y a eu ces vacances dans le Sud avec mes parents. Nous avions loué une petite maison au bord de la mer, le soleil, la plage… tout semblait parfait. Mais avec Jo, ça n'allait déjà plus très bien.

Mes parents l'adoraient, presque comme un fils. Nous avions grandi les uns à côté des autres, alors ils ne voyaient pas mon mal-être. Forcément, je n'étais pas très agréable, car nous passions notre temps à nous disputer. Mais lui, il passait pour le gentil, et moi pour la méchante aux yeux de mes parents.

Maman, ce jour-là, tu m'as dit : « **Tu ne vas pas nous gâcher nos vacances.** » Cette phrase m'a transpercée. Plutôt que de voir ma détresse, tu as pris sa défense, pas la mienne. C'était un coup dur, une immense déception.

Je suis montée dans la chambre, j'ai fait ma valise et je suis sortie, sans même savoir où j'allais aller. Jo m'a regardée partir, et sur le trottoir, je lui ai proposé de rentrer avec moi. Il a choisi de rester avec mes parents et de finir ses vacances.

J'étais perdue. Comment allais-je rentrer chez moi ? J'ai pris un bus jusqu'à la gare, puis un train jusqu'à Angers. Le trajet m'a semblé interminable.

Je ne me souviens plus très bien du retour de mes parents. Je crois que nous sommes restés plusieurs jours sans nous parler. Avec le recul, je pense qu'ils ont fini par réaliser que je n'étais pas la seule responsable de cette situation.

Bref, je me suis vite rendu compte que ses amis comptaient bien plus pour lui que moi. Ses parents étaient plus flexibles sur les heures de sortie, surtout le soir, tandis que moi je devais absolument rentrer à minuit (ce que je ne respectais pas toujours). Lui, il prolongeait souvent ses soirées. Ces moments de sortie m'ont en quelque sorte sauvée. Après m'avoir déposée chez moi un soir, il a eu l'idée d'emprunter une moto à un de ses copains. Résultat : un accident très grave pour lui, un accident qui aurait pu me coûter la vie en tant que passagère.

J'étais tellement amoureuse et naïve que je lui faisais confiance quand il me disait qu'il m'aimait. Avec le recul, je me rends compte qu'il n'était sûrement pas vierge de toute autre relation. Il y en a sûrement eu d'autres avant moi, mais je l'ignorais. Les choses ont dérapé lorsqu'une autre fille, une super copine à l'époque, est entrée dans l'histoire. Elle faisait partie de notre bande. Il m'a juré qu'elle l'avait forcé, qu'il ne le voulait pas. Mais en réalité, elle ne l'avait pas violé. Il aurait tout simplement pu lui dire non. Il m'a juré que cela ne se reproduirait pas, et m'a suppliée de ne pas le quitter. À ce moment-là, j'étais tellement amoureuse de lui. Il était l'homme de ma vie. C'est à ce moment-là que j'ai commencé à pardonner aux hommes qui m'avaient fait du mal. On dit souvent que l'amour rend aveugle, et croyez-moi, je sais de quoi je parle.

Dans notre groupe de copains, il y avait Fab, mon meilleur ami, qui était aussi celui de Jo. Fab était mon confident ; tout ce que je n'osais pas dire à Jo, je le partageais avec lui. Il était toujours là pour m'écouter. Quand je manquais le bus, peu importe l'heure, de jour comme de nuit, il venait me chercher. Il attirait toujours des filles autour de lui, et je dois avouer que cela me rendait un peu jalouse. Même lorsqu'il était avec elles, je n'arrivais pas à l'avoir rien que pour moi, et elles ne m'appréciaient pas beaucoup, car elles savaient qu'en cas de besoin, il serait toujours là pour moi.

Quand Fab est parti faire son service militaire, j'ai été profondément attristée car je ne le voyais plus aussi souvent. Il m'appelait quasiment tous les soirs et nous passions des heures à discuter. Je ne me rappelle pas toujours quoi, mais je me souviens que ma sœur râlait souvent car elle devait faire la vaisselle toute seule. Mes parents ont toujours eu confiance en lui, donc lorsque j'étais avec Fab, j'avais la permission de sortir sans problème. J'aimais être avec lui je me sentais en sécurité et protégée. Inconsciemment, je l'aimais, mais j'étais aussi amoureuse de Jo. C'était compliqué, car on ne sort pas avec son meilleur ami sans risquer de briser l'amitié qui nous unissait. Un jour Fab a confié à mes parents qu'il était amoureux de moi. Au fond, je le sentais déjà, mais à cette époque, mon regard était uniquement tourné vers Jo. Nous étions extrêmement proches, mais toujours avec des limites. Je passais régulièrement chez ses parents le matin pour le réveiller, je me glissais près de lui, nous discutions un moment, puis je repartais. C'était ça, notre amitié. Mais entre une fille et un garçon, ce genre de relation n'est pas toujours bien vu… surtout par ses copines.

Nous n'avons jamais franchi le pas, bien qu'il y ait eu une occasion. Jo, qui était boucher, partait faire les saisons à Batz-sur-Mer, et Fab m'a accompagnée pour un week-end là-bas. Nous avons fait la route tous les deux, musique à fond « téléphone, Renaud ou Goldman », en mangeant des knakis froides et des raiders toujours présents dans la boîte à gants. Une fois arrivés, nous avons monté nos tentes, une pour lui, une pour moi, et aussi pour Jo. Mais pendant la journée, Jo travaillait, et Fab et moi nous retrouvions donc seuls. Ce jour-là, nous avons failli nous embrasser. Mais je n'ai pas pu. Je ne pouvais pas faire ça à Jo, son meilleur ami. L'idée que cela puisse briser la complicité entre nous m'effrayait trop. Alors, nous sommes rentrés, chacun de notre côté, et avons repris nos vies comme si de rien n'était. C'étaient de petites vacances que j'adorais, car j'avais Fab rien que pour moi. Pas de copines qui changeaient régulièrement, pas d'autres amis, juste lui et moi toute la journée… et Jo le soir.

Jo et moi avons décidé de prendre notre envol. Nous avions tous les deux un emploi, et l'idée de vivre ensemble nous semblait évidente. C'était une étape excitante, pleine de promesses. Nous avons trouvé une petite maison charmante à la campagne, simple mais chaleureuse. Pour l'aménager, nous avons récupéré des meubles d'occasion, chinés ici et là, donnant à notre nouveau chez-nous un charme unique et personnel.

J'avais soigneusement préparé tout mon trousseau. Parmi les objets accumulés au fil des années, il y avait ces serviettes de toilette que ma grand-mère paternelle m'offrait régulièrement. À l'époque, je les trouvais franchement moches. Mais ce jour-là, alors que je les pliais pour les ranger dans notre nouvelle salle de bain, je les regardais avec tendresse et me sentais étrangement reconnaissante de les avoir.

J'étais aux anges, convaincue d'avoir franchi une étape décisive vers l'âge adulte : un amoureux, une maison, et cette sensation grisante de liberté. Pourtant, la réalité avait ses petits accrocs. Ma voiture tombait souvent en panne, mais ce n'était jamais une priorité. La sienne, en revanche, l'était : il y dépensait sans compter, bien avant de penser aux factures. Mais qu'importe, à 20 ans, c'était ça, le bonheur, ou du moins ce que je croyais être le quotidien de tous les foyers.

Comme toute « parfaite épouse », mes journées ne s'arrêtaient pas après le travail. Il y avait les courses, le ménage, et surtout les bons petits plats que je passais des heures à concocter avec amour. Mais souvent, ces repas finissaient froids, parfois à la poubelle. Monsieur rentrait tard, très tard, après des soirées bien arrosées avec ses amis. Quand il rentrait, il n'avait plus faim.

Mais ce n'était pas grave. Un beau sourire de mon amoureux suffisait pour tout oublier… jusqu'à ce que tout recommence quelques jours plus tard. Nos soirées à deux étaient rares. La maison était souvent remplie de copains, des soirées qui se terminaient tard, très alcoolisées, et qui, parfois, dégénéraient.

Dans mes souvenirs, l'un de ses frères a même vécu chez nous pendant un bon moment. Cela signifiait apéro tous les soirs, une routine qui n'a pas vraiment aidé notre couple. Lui travaillait le dimanche, alors je passais souvent ma journée seule à l'attendre. Mais une fois sa journée terminée, il y avait toujours l'« après-boulot », ces heures interminables passées ailleurs, loin de moi.

Je me souviens particulièrement d'une fois où ma voiture m'avait laissée en rade, perdue au milieu de la campagne. J'ai dû marcher presque dix kilomètres pour le rejoindre. Essoufflée et épuisée, j'espérais au moins un peu de réconfort. Mais tout ce que j'ai entendu, c'était : « Pourquoi tu ne m'as pas appelée ? » Une question que j'avais dû déjà entendre des dizaines, voire des centaines de fois, comme si mes appels précédents avaient toujours été vains.

Il n'a jamais été violent avec moi, jamais levé la main. Mais, dans son indifférence, il me blessait autrement. Il n'avait aucune attention envers moi, m'ignorait la plupart du temps, et je ne sentais aucune reconnaissance dans son regard ou ses gestes.

Il n'était pas tendre, pas câlin, pas le moins du monde. Et il ne m'a jamais dit qu'il m'aimait. Pas avec les mots, et encore moins avec les yeux. Je ne demandais pas grand-chose, juste un minimum. De quoi me sentir femme, belle, aimée. De quoi me sentir simplement respectée, en tant que personne.

Malgré tout, nous avons pris ensemble la décision d'avoir un enfant. Je tiens à le préciser, car plus tard, des personnes mal intentionnées ont osé dire à ma fille qu'elle n'était qu'un accident, un enfant non désiré. Rien n'est plus faux. Jamais je n'aurais pu concevoir un enfant sans aimer sincèrement la personne avec qui je le faisais. Donner la vie est, pour moi, une responsabilité immense, un engagement pour la vie.
Aujourd'hui, je peux affirmer, sans honte ni détour, que j'ai assumé ce rôle seule. Si mes enfants sont là aujourd'hui, c'est principalement grâce à moi. Nous avons traversé des jours difficiles, très difficiles même, mais nous nous en sommes sortis tous les trois. Cela dit, les démons du passé ne disparaissent jamais complètement. La vie laisse des traces, des cicatrices indélébiles.
Je suis tombée enceinte très rapidement, et j'étais folle de joie. Lui aussi, même s'il restait toujours aussi peu démonstratif. J'avais hâte d'annoncer la nouvelle à mes parents. Ils nous ont dit qu'ils étaient contents pour nous, mais je voyais bien que, pour eux, c'était trop tôt. J'étais jeune, même si ma mère avait été enceinte encore plus jeune que moi. Peut-être m'ont-ils exprimé leurs doutes, mais je ne les ai pas écoutés. Comme toujours, j'étais dans ma bulle, portée par mes rêves et ma naïveté.

Il voyait bien que je n'étais pas aussi heureuse que je voulais le montrer. Mes parents me l'ont dit à maintes reprises, mais je ne voulais rien entendre. C'est vrai que l'amour rend aveugle. Et aujourd'hui encore, je peux le confirmer.
Ma grossesse... Comment vous dire ? Je l'ai vécue seule, sans aucune attention de sa part. J'ai continué à travailler jusqu'au bout, sans m'épargner. Notre train de vie n'a pas changé boulot, copains, fêtes... Il n'a jamais posé sa main sur mon ventre pour sentir le bébé bouger, même si, à l'intérieur, c'était une véritable tempête de vie. Elle n'arrêtait pas de remuer, et parfois, par amusement, je posais la télécommande sur mon ventre, émerveillée par la façon dont elle dansait sous ma peau. Par moments, j'avais même l'impression qu'un petit pied allait surgir d'un instant à l'autre. C'est là que j'ai vraiment pris conscience qu'un petit être grandissait en moi.
Eh oui, une fille ! Un bonheur immense pour moi. J'avais tellement hâte de te rencontrer, ma chérie.

Mais au fond de moi, je savais déjà que tu allais naître dans une famille où l'amour n'était plus au rendez-vous. Je m'inquiétais énormément pour notre avenir. La maison devenait trop petite avec une seule chambre. J'ai donc trouvé une nouvelle maison, avec une deuxième chambre, rien que pour toi. J'ai tout organisé pour le déménagement et préparé chaque détail afin que notre nouveau cocon soit prêt à t'accueillir. Bien sûr, j'ai tout fait seule, mais avec une détermination sans faille, car je voulais que tout soit parfait pour ton arrivée.

Sur le plan financier, ce n'était pas brillant, surtout avec l'arrivée d'un bébé. Et ça n'arrangeait rien que tout l'argent passait dans les sorties ou dans cette fameuse voiture, toujours à finir dans un fossé et à coûter une fortune à réparer. Les conflits se faisaient de plus en plus fréquents. Il était distant, et le dialogue entre nous disparaissait peu à peu.

Il sortait presque tous les soirs, rentrait très tard, parfois au petit matin. Pendant ce temps, j'étais en congé, seule à la maison ou chez mes parents. Les disputes éclataient régulièrement. Moi, je grossissais, et cela ne lui plaisait pas. J'avais pris 20 kilos. Je me trouvais énorme, rien ne m'allait. L'été 1995 a été un enfer pour moi. J'étais fatiguée, je n'avais pas envie de sortir. Je passais mes journées en sous-vêtements, alternant entre le canapé et des douches froides pour tenter de me soulager de la chaleur, du poids et de ma solitude.

Cela ne semblait pas le déranger. Il continuait à mener sa vie comme avant, alors qu'il aurait dû être là, présent pour moi. Nous aurions dû préparer ensemble l'arrivée de ce bébé que nous avions désiré, mais non. Il ne s'intéressait à rien, sauf à lui-même.

Et moi, je déprimais. Je pleurais, souvent seule. J'ai une capacité incroyable à passer du rire aux larmes en un instant, à cacher ma tristesse derrière un sourire. Mais cette façade avait un prix. Ce masque m'a coûté cher, provoquant du stress et des crises d'angoisse. Je pense que c'est à cette période que mes premières plaques de psoriasis sont apparues, comme une marque indélébile de cette souffrance silencieuse.

Je préparais cette arrivée avec mes parents. Pour sa naissance, ils lui ont offert une magnifique chambre en bois. J'étais tellement excitée que nous l'avons montée tout de suite, malgré mon gros ventre. J'étais encore très alerte, pleine d'énergie. Maman riait en me taquinant, disant que j'allais accoucher avant l'heure si je continuais comme ça.

C'était un moment précieux, partagé avec mes parents. Papa, toujours si calme, contrastait avec maman, qui manquait parfois de patience. Tiens, en y repensant, je viens de réaliser de qui j'ai hérité ça !

Nous avons tout installé : le lit, l'armoire, la commode. Mes parents m'avaient aussi donné le petit lit à barreaux de mon frère, accompagné de son drap, de la turbulette, et de tous ces petits vêtements si doux et prêts pour la naissance.

Quand mes parents sont repartis, je me suis assise sur le lit, seule, et j'ai contemplé cette chambre. Cette pièce allait bientôt abriter un tout petit être à qui j'allais donner la vie. J'étais remplie d'une joie mêlée d'angoisse. Quelle vie allais-je bien pouvoir lui offrir alors que, moi-même, je ne me sentais pas à ma place dans la mienne ?

À 22 ans, faire les bons choix, c'est un défi immense. Mais au fond, les fait-on vraiment, ces bons choix, un jour ? Ou avançons-nous toujours, tâtonnant dans le brouillard de nos espoirs et de nos incertitudes ?

J'avais hâte de lui montrer la chambre de notre futur bébé. J'espérais une réaction, un sourire, quelque chose qui montre qu'il partageait mon enthousiasme. Mais, une fois de plus, il est resté de marbre. Une indifférence totale. Pour lui, ce n'était qu'une chambre, rien de plus. Je me suis raccrochée à l'espoir qu'avec la naissance, il changerait. J'avais tort. Ce jour-là, j'ai compris qu'un bébé n'arrange jamais les problèmes d'un couple. Rien n'a changé.

Puis le jour J est arrivé. C'était un dimanche matin, début octobre. Bien sûr, j'étais seule à la maison, comme souvent, car il travaillait. Les premières contractions ont commencé. Franchement, quand on n'a jamais eu de contractions, on ne sait pas ce que c'est. Mais je ne me suis pas affolée. J'ai terminé de ranger et de nettoyer la maison pour qu'elle soit propre à mon retour de la maternité.

Je l'ai appelé pour le prévenir. Mais, comme il était seul à la boucherie, il ne pouvait pas m'accompagner. Toujours la même réponse : « Débrouille-toi, ma vieille. »

Alors, j'ai pris mon sac, je suis montée dans ma 4L bleue, et j'ai pris la route. Entre deux contractions, je me suis dirigée vers la maison de mes parents. Une route qui me semblait interminable, remplie d'un mélange d'excitation, d'appréhension et de solitude.

Maman voulait m'emmener directement à la maternité, mais moi, je n'étais pas prête, j'avais peur de ce qui m'attendait. Une partie de moi espérait que si j'attendais encore un peu, il aurait fini son travail et pourrait m'accompagner. Grosse erreur.

Et puis, il y avait le rôti de bœuf que maman avait cuisiné. Hors de question de partir sans manger ! Je me disais qu'une fois là-bas, je ne savais pas quand je pourrais manger, et je vous assure que j'ai bien fait.

Entre deux bouchées, à chaque contraction, je faisais les cents pas dans le couloir, m'arrêtant parfois pour m'asseoir dans l'escalier et attendre la prochaine. Papa, fidèle à lui-même, restait silencieux, mais je voyais bien qu'il n'était pas rassuré.

Puis, il est arrivé un moment où on ne pouvait plus attendre. Il fallait partir. J'ai rappelé le futur papa pour lui dire que nous nous rendions à la maternité. Sa réponse ? « Je n'ai pas encore fini de bosser, je vous rejoindrai là-bas. »

De toute façon, il avait déjà pris la décision de ne pas assister à l'accouchement. Trop impressionnant, sans doute. C'est donc maman qui m'accompagnerait en salle d'accouchement, et à vrai dire, je préférais cela. Vu son absence d'enthousiasme ces derniers jours, je savais qu'elle, au moins, serait à mes côtés.

Nous sommes arrivées là-bas vers quatorze heures, si je me souviens bien. Les douleurs étaient devenues insupportables, alors j'ai finalement demandé la péridurale. C'est à ce moment-là que ma phobie des aiguilles m'a frappée, mais après, quel soulagement... Plus rien. Maman suivait le monitoring et me disait : "Là, tu as une contraction", et je me suis mise à rêver de partir, car je n'avais plus mal. Le col n'était pas encore bien ouvert, et face à la pendule, le temps semblait interminable.

Le futur père est finalement arrivé pour quelques minutes, sans même un geste d'attention. Il fallait qu'il parte, je ne sais où, probablement vers un endroit plus intéressant que nous. Bien plus tard, j'ai compris où il était allé. Je vous le dirai en temps voulu. L'infirmière lui avait dit qu'il n'était pas nécessaire de rester, que ça ne serait pas pour tout de suite, et qu'il avait largement le temps de rentrer chez lui… Quelle aubaine pour lui.

Heureusement, maman était toujours là, sans elle je ne sais pas comment j'aurais tenu. Elle a supporté mes plaintes de douleur avec une patience infinie. Puis est arrivé le moment où ma petite princesse a pointé le bout de son nez. Douleur intense, mon Dieu, que j'ai souffert. Mais donner la vie, c'est tellement merveilleux… C'est magique de voir cette petite chose, si parfaite. Elle était belle, et les larmes de bonheur coulaient sur mes joues. C'est à ce moment-là que j'ai dit à maman que ma fille porterait le nom de sa mère et de sa grand-mère : « Aline »

Ma vie prenait enfin un sens. Je savais désormais que, quoi qu'il arrive, je devais être là pour elle, que rien ni personne ne pourrait jamais nous séparer. Je suis remontée dans ma chambre avec Aline dans les bras, je ne voulais plus la quitter. Je passais des heures à la regarder, à observer ses petits doigts. Ouf, elle en avait dix. Chaque détail était parfait, et je ne voulais pas dormir, je voulais juste la contempler.

Pour son père, c'était tout autre chose. Il n'était toujours pas revenu. Nous avons passé notre première nuit toutes les deux, ma fille et moi. Tout père normalement constitué devrait être aux côtés de sa femme lors de la naissance de son enfant. C'est un moment unique, précieux, où rien d'autre ne devrait compter. Mais lui est arrivé le lendemain, en fin de matinée, avec une tête… Je pense qu'il avait dû célébrer la naissance de sa fille avec ses « super potes ». Il est passé devant le berceau d'Aline sans même la regarder. Après quelques minutes, il a dû se rappeler qu'il était là pour elle, et a finalement posé ses yeux sur elle. Mais aucune réaction. Il n'a même pas voulu la prendre dans ses bras. Une demi-heure plus tard, il est reparti, fatigué, prétextant qu'il n'avait pas bien dormi et qu'il faisait trop chaud dans la chambre. Super heureux, le nouveau papa. Il nous a laissées là, ma fille et moi, sans le moindre geste d'affection. Bien sûr, j'étais déçue par sa réaction, mais aujourd'hui, cela ne m'étonne plus, comme vous le comprendrez plus tard. Une fois de plus, ma naïveté m'a joué des tours.

Les visites se sont enchaînées. Aline était la première des petits-enfants et était couverte de cadeaux. La famille, les amis, les copains… tout le monde était là. Mais j'appréhendais déjà le retour à la maison, surtout avec l'accueil glacial qu'on m'y réservait. Il ne voulait pas prendre Aline dans ses bras, prétextant qu'elle était trop petite. Une petite fête a été organisée pour célébrer son arrivée chez les parents de Jo, qui habitaient juste à côté de la maison de mes parents. Tout le monde était là, c'était plutôt sympa. C'est d'ailleurs ce jour-là que maman s'est fâchée avec son frère, et on ne l'a plus jamais revu depuis. Enfin, pour tout dire, on n'a rien perdu, un vrai con, mais ça restera toujours un membre de la famille.

Notre nouvelle vie commençait, mais je sentais que quelque chose n'allait pas avec Jo. Il rentrait tard du boulot, et je me demande parfois s'il y était vraiment. Un soir, Aline pleurait comme tous les bébés, et Jo ne supportait pas ses pleurs. De mon côté, je commençais à ressentir les effets du baby blues. J'étais perdue, ne sachant pas trop comment réagir avec Aline, qui n'avait que quelques jours. Jo ne m'aidait pas vraiment, car dans sa famille, c'était la mère qui gérait les enfants et le père qui rapportait l'argent à la maison. C'était un peu le modèle macho, et moi, je n'en pouvais plus de son attitude. J'ai eu le malheur de lui dire : « Si tu ne la supportes pas, barre-toi. » Et c'est exactement ce qu'il a fait. Je me suis retrouvée seule, avec ma petite princesse, complètement perdue et désemparée. J'ai alors appelé un ami, que j'appellerai B. Il est venu tout de suite. Il m'a dit qu'il savait où Jo était, mais que ce n'était pas à lui de me le dire. Complètement perdue, j'ai appelé mes parents en pleurant, et je suis arrivée chez eux avec Aline, qui n'avait que quelques jours, sous le bras.

Bien sûr, ce que je redoutais d'entendre est arrivé : le fameux « On te l'avait bien dit ». Maman, je t'en veux plus aujourd'hui même si sur le moment, je t'en ai beaucoup voulu.

Je ne voulais pas qu'Aline ressente ce qui se passait, mais j'étais dans un tel état que je ne pouvais même pas m'occuper d'elle. Maman a pris les rênes, et je ne pourrai jamais assez remercier mes parents, pour tout ce qu'ils ont fait pour moi et mes enfants jusqu'à aujourd'hui. À l'époque, je ne réalisais pas encore, car c'était juste le début de ma galère. J'essayais de comprendre ce qui se passait, mais Jo ne me répondait pas. J'ai alors appelé toutes mes amies, espérant qu'elles puissent m'éclairer. J'ai même demandé à l'une d'elles si elle pensait qu'il me trompait. Non, elle m'a répondu qu'elle le saurait, étant donné qu'ils étaient toujours ensemble, et pour cause...

Finalement, j'ai réussi à le joindre, et là, coup de massue, il voulait bien de sa fille, mais plus de moi. À 22 ans, avec une petite de quelques jours dans les bras, la personne que je croyais être l'amour de ma vie me laissait tomber du jour au lendemain. Nous étions ensemble depuis toujours, avions grandi dans le même quartier, c'était censé être pour la vie. Eh bien non, il était amoureux de quelqu'un d'autre, et cette autre personne, c'était cette super copine qui, une heure avant, m'avait assuré qu'il n'y avait personne d'autre.

J'étais dans un véritable cauchemar, espérant me réveiller d'une minute à l'autre pour que tout redevienne comme avant. Mais ce réveil n'est jamais arrivé. J'ai fini par débarquer chez elle, même si elle ne répondait jamais. Je savais qu'il était là-bas. Après quelques jours, nous avons réussi à discuter. Il le fallait, pour Aline. Il était perdu : il m'aimait encore, mais il aimait aussi l'autre. Il fallait faire un choix, et pour ma part, je ne suis pas du genre à partager. Mais, étant toujours accrochée à lui, j'ai décidé de lui donner une dernière chance. Quelle belle erreur... Comment ai-je pu croire une fois de plus en lui ?

J'avoue qu'au début, j'en ai voulu à Aline de cette rupture, car pour moi, tout allait bien avant sa naissance. Mais avec le temps, je me suis rendu compte que ça faisait bien longtemps que ça n'allait plus entre nous. J'ai voulu en finir, tout s'écroulait. Puis, je regardais ce magnifique bébé qui n'avait rien demandé, juste de l'amour.

Nous étions toujours à court d'argent, n'ayant même pas un centime pour acheter des couches ou du lait. Il avait dépensé l'argent de la CAF que nous avions reçu pour la naissance d'Aline. Alors, nous sommes allés voir ses grands-parents, qui ont accepté de lui prêter de l'argent, à condition qu'il prenne ses responsabilités et qu'il se tienne à carreau. Grand manipulateur qu'il est, il les a convaincus, et nous sommes repartis avec une belle somme d'argent, dont je n'ai jamais vu la couleur.

Nous avons passé une nuit chez mes parents. Jo est parti au boulot, mais il tardait à rentrer. Je n'avais pas confiance. J'ai donc pris ma voiture et suis retournée chez elle. Comme je le soupçonnais, il était là-bas. Il s'était simplement servi de nous pour soutirer de l'argent à ses grands-parents. Il m'a assuré que non, qu'il était allé mettre les choses au clair avec cette briseuse de ménage, mais pour moi, c'était fini. La confiance en lui était brisée.

Heureusement, mes parents étaient là. Ma mère s'occupait beaucoup d'Aline, surtout les premières nuits, pour que je puisse remonter la pente.

Comment allais-je faire, seule à 22 ans avec une petite fille de quelques jours ? Jo disait qu'il s'occuperait d'elle comme un bon père, mais vous verrez par la suite que ce n'était pas le cas. Pendant ce temps, j'en ai profité pour sortir un peu, voir d'autres copains, et c'est à ce moment-là que j'ai passé beaucoup de temps avec B, un ami commun à Jo et à moi, que nous avions choisi comme parrain pour Aline. Il était attentif, à l'écoute, mais est-ce qu'il a profité de ma faiblesse ? Aujourd'hui, j'en suis persuadée.

Je suis restée deux mois chez mes parents, le temps de reprendre ma vie en mains. Ma mère s'attachait beaucoup à Aline, et Aline à elle. Mais il fallait que je reprenne mon rôle de mère. À ce moment-là, je travaillais dans une épicerie-traiteur, ce qui me plaisait beaucoup. J'avais l'impression d'être dans mon propre magasin : je passais les commandes, faisais la mise en rayons comme je le voulais, et gérais presque tout. Mon patron était sympa, parfois un peu trop… Il avait souvent des gestes déplacés, des mains baladeuses, mais je savais comment le remettre à sa place.

De temps en temps, je faisais des extras en service le week-end, car financièrement, c'était un peu difficile avec un revenu à temps partiel et peu d'aide. J'ai donc décidé de prendre un logement pas très loin de mes parents, une petite maison sympa avec juste une chambre, mais cela ne me dérangeait pas. Je voulais avoir Aline toujours près de moi. Ma sœur m'a aidée à faire un grand ménage avant mon installation. En nettoyant l'évier en inox, je me suis coupé le doigt et il y avait du sang partout. Il fallait que j'aille à l'hôpital, et ma sœur, gentiment, m'a dit qu'elle ne conduirait pas ma 4L, vu que les vitesses étaient au tableau de bord. J'ai donc pris le volant avec mon doigt en sang. Résultat : trois ou quatre points, mais bon, c'était une petite anecdote. J'ai donc emménagé dans mon nouveau logement avec Aline, et B a été très présent dans ma nouvelle vie. J'avais fait appel à un juge pour obtenir la garde d'Aline et une pension alimentaire. Cependant, je ne voulais pas qu'il l'emmène chez ses parents ou chez sa nouvelle copine. Le juge a donc accordé un droit de visite de deux heures, un dimanche sur deux, chez moi.

C'était très compliqué de le voir dans ma maison. Il regardait Aline sans jamais la prendre dans ses bras, sans lui ne parler ni la toucher. En revanche, il en profitait pour essayer de me récupérer. Pour moi, tout était fini. Je n'aurais jamais repris avec lui après tout ce qu'il m'avait fait subir. Malgré ses excuses, rien n'aurait pu changer la douleur que j'avais ressentie. Rien ne pouvait effacer tout ce que j'avais enduré.

Il venait me harceler dès que la voiture de B partait, me suppliant, me disant qu'il avait changé, qu'il avait compris ses erreurs et me promettant de ne plus recommencer. C'était trop pour moi. J'ai donc saisi à nouveau le juge pour lui accorder un droit de garde, même si ça me déchirait le cœur de la laisser avec lui, sachant qu'il l'emmènerait chez l'autre. J'ai pris sur moi et je la laissais partir, me réfugiant chez mes parents pour la journée en attendant son retour.

Il la ramenait toujours en retard, avec des excuses bidon, et faisait constamment des reproches. Une fois, elle est rentrée avec les cheveux coupés, la frange toute de travers. Sa mère avait osé lui couper les cheveux à ma fille. J'étais hors de moi et je lui ai fait savoir, ne supportant pas qu'on touche à ma princesse de cette manière.

La mère de Jo est une véritable sorcière, c'est ainsi qu'Aline la surnommait quand elle était petite. Elle se croit tout permis. Ayant élevé cinq garçons presque seuls, son mari étant routier et rarement à la maison, ils se criaient souvent dessus lorsqu'il était là, mais ils sont toujours ensemble aujourd'hui.

Mes parents vivaient juste à côté de leur maison jusqu'à la naissance d'Aline, et cette femme leur a mené la vie infernale, car elle considérait la séparation comme ma faute. Elle a même écrit une lettre accusatrice, accusant injustement mes parents de choses horribles. Avec du recul, je ne suis pas étonnée par son comportement. Elle a été tellement méchante avec mes parents qu'ils ont fini par vendre leur maison, à laquelle ils étaient profondément attachés. Mon père ne pouvait plus supporter de vivre à côté d'elle. Peu importe ce qu'il pourrait lui arriver aujourd'hui, je n'éprouverais aucune peine pour des gens que je considère inhumains.

Les visites de B devenaient de plus en plus fréquentes, et nous voulions plus d'intimité. Avec Aline dans la chambre, ce n'était pas idéal. Nous avons donc loué une petite maison, ou plutôt un cabanon de jardin, juste à côté de l'épicerie où je travaillais. Ce n'était pas très grand, mais il y avait deux chambres. La salle de douche était dans notre chambre, et la cuisine, le salon et la salle à manger étaient assez petits. L'hiver, nous avions très froid, mais cela ne nous importait pas beaucoup, nous étions jeunes et amoureux. Nous avons passé de bons moments dans cette petite maison, qui était à quelques pas de mon travail et de la nourrice. Il y avait beaucoup de sorties ensemble, mais lui aussi sortait souvent seul avec ses copains. J'aurais dû voir le vent tourner, mais ma naïveté a encore joué des tours. Aujourd'hui, je réalise tout ça, et j'ai beaucoup travaillé sur moi-même pour comprendre ce qui n'allait pas.

Notre relation n'a pas été bien vue par tout le monde, surtout que B était un ami de Jo. Pourtant, il semblait normal pour tout le monde que Jo me trompe avec une de mes amies. Étonnant, non ?

Après quelque temps de vie commune nous avons décidé de nous marier, même si mes parents m'avaient demandé si j'étais sûre cette fois-ci. Bien sûr que je l'étais, comme je l'avais été avec Jo. Il faut souvent écouter ses parents, mais moi, je n'ai jamais été très obéissante et pas prête à écouter les conseils qui, parfois, sont sûrement très bons.

Nous avons fait un grand et beau mariage. Mes parents m'ont offert une superbe robe (que je conserve non pas en souvenir de mon mariage, mais parce que c'est un cadeau de mes parents), des photos au château, un grand repas préparé par mon patron traiteur. C'était magique, même si je commençais à trouver que mon cher mari buvait un peu trop, mais bon, je me faisais sûrement des idées ou je ne voulais pas le reconnaître.

Nous étions bien dans notre nouvelle vie. B s'occupait d'Aline comme de sa propre fille, et elle lui rendait bien. Surtout que son père venait la chercher quand cela lui chantait. Quelquefois, même très souvent, je la préparais, et elle attendait derrière la fenêtre, pour être ensuite obligée de lui expliquer, avec des mots d'enfant, que son papa ne viendrait pas. Ou alors, il envoyait sa mère ou sa copine, à qui bien sûr, je ne confiais jamais ma fille.

À chaque fois qu'elle revenait, elle sentait le tabac (c'est peut-être pour ça qu'elle fume aujourd'hui).

Elle était fatiguée, irritable, et j'avais souvent l'impression qu'elle était fâchée contre moi. Au bout de deux jours, j'avais retrouvé mon bébé. Le matin, je la déposais chez sa nourrice et je partais au boulot, ayant hâte de finir ma journée pour la récupérer. Je passais tout mon temps possible avec elle, même si elle adorait aller chez mes parents. Je lui disais en la déposant : "Je viens te chercher demain," et à chaque fois elle me répondait : "Encore un dodo, maman." Forcément, elle était la petite chérie de papy et mamie. Ils l'ont même emmenée en vacances plusieurs fois, elle adorait passer du temps avec eux.

Nous avons décidé qu'il serait bien de faire un petit frère ou une petite sœur à Aline. Je suis rapidement tombée enceinte et dès la première échographie, nous avons su que c'était un garçon. À partir de ce moment-là, plus rien d'autre ne comptait. Mon beau-père était fou de joie, tout comme B, car c'était le premier petit enfant et, en plus, un garçon.

Ah, je ne vous ai pas encore parlé de mes beaux-parents. JC, mon beau-père, était une personne que je respectais et admirais beaucoup. C'était un bosseur, il avait sa propre entreprise de métallerie et une passion pour les vieilles voitures. Généreux mais exigeant, avec lui, c'était soit tu travaillais, soit tu dégageais. Ma belle-mère, G, était également une belle personne, bien qu'elle ne soit pas toujours facile à vivre. Elle gérait la comptabilité de l'entreprise et s'occupait de la maison, tout en prenant soin de leurs enfants (B a une sœur avec qui j'ai fréquenté le collège).

Ils possédaient une maison de vacances au Croisic, au bord de la mer, où nous passions tous nos étés, ainsi que plusieurs appartements qu'ils louaient à l'année. Ils étaient assez fortunés, tout cela grâce au travail acharné de JC. Mais il arrivait souvent qu'il rentre tard après le travail, parfois un peu alcoolisé. Pendant ce temps, G buvait de son côté, bien qu'elle ne l'ait jamais admis. Parfois, elle nous appelait complètement ivre, à n'importe quelle heure du jour ou de la nuit. Il arrivait même que JC appelle les pompiers en plein milieu de la nuit, et c'était à nous d'aller la chercher. Elle était là, en robe de chambre et chaussons, pleurant et ne se souvenant pas de ce qui s'était passé. Je pense qu'elle mélangeait les médicaments et l'alcool, ce qui la mettait dans des états déplorables, laissant une impression de confusion et d'impuissance.

Ma grossesse s'est déroulée un peu mieux que la première, bien que mon mari sorte souvent seul et rentre fréquemment bien alcoolisé. Je me disais qu'avec l'arrivée du bébé, ça irait mieux (quelle naïveté une fois de plus). Aline était ravie d'avoir un petit frère, elle avait deux ans et demi et se voyait déjà dans son rôle de grande sœur. Quant à moi, je craignais de ne pas pouvoir aimer un autre enfant autant qu'Aline, car elle était tout pour moi.

Je pensais qu'il était impossible d'aimer plusieurs personnes avec la même intensité, comme je les aime. Ils sont ma vie, mon oxygène. Même aujourd'hui, maintenant qu'ils ont leur propre vie, j'aime les avoir près de moi de temps en temps. Les câlins et les bisous me manquent souvent, mais quand ils sont là, tout va bien.

Le moment de l'accouchement est arrivé, et nous avons pris la voiture précipitamment, mais bien sûr, il fallait d'abord passer prendre ma mère, car B ne voulait pas assister à la naissance. C'est alors que nous avons réalisé que nous avions oublié de prendre Aline, rassurez-vous nous sommes aussitôt aller la récupérer dans sa chambre. Nous avons donc déposé la petite chez papy et mamie, avant de repartir pour la maternité avec ma mère.

Théo est arrivé assez rapidement, sans péridurale. Et croyez-moi, un bébé de quatre kilos dix, ça se fait sentir. J'ai cru mourir, mais finalement, il était là, magnifique, ressemblant beaucoup à son papa, une "pure souche", comme il disait. À ce moment-là, j'aurais dû me rendre compte que ma vie allait changer. J'avais l'impression qu'il avait obtenu ce qu'il voulait : un fils. Il commençait à changer de comportement avec Aline, lui qui la considérait pourtant comme sa propre fille. Il avait des paroles plus dures envers elle, jouait moins avec elle, et elle n'avait plus le droit de s'approcher de Théo. Son comportement devenait étrange ; il ne semblait plus avoir deux enfants, mais uniquement Théo.

La maison était devenue trop petite, nous avons déménagé dans une maison plus grande avec trois chambres. Malheureusement, elle était juste à côté de la société où tous les pochtrons se réunissaient après le boulot pour picoler jusqu'à pas d'heure, et c'est là que tout a commencé à se dégrader de plus en plus.

J'ai pris un congé parental pour m'occuper de mon fils, tandis qu'Aline commençait l'école. Je me consacrais à la maison et à cuisiner de bons repas pour mon mari, en tant que femme au foyer. Cependant, il rentrait souvent tard, après être passé à la société, et souvent ivre. Au début, je ne disais rien, mais les soirées où il revenait alcoolisé devenaient de plus en plus fréquentes. Je n'appréciais pas cela, mais il semblait penser qu'en tant qu'homme, il était le seul à travailler et que je n'avais qu'à me taire.

Un soir, alors qu'il était encore ivre, j'en avais assez d'attendre et je me suis couchée. Je l'ai entendu rentrer, mais je suis restée dans mon lit. Il est entré dans la chambre, allumant brusquement, et m'a demandé de me lever pour lui servir à manger. Quand j'ai refusé, il a renversé le lit contre le mur. Je n'ai pas compris ce qui se passait. J'ai quitté la chambre précipitamment pour me réfugier dans le salon. Là, il a commencé à tout détruire – la table basse en verre, les chaises – puis il m'a plaquée contre le mur, me serrant le cou, Je ne pouvais plus respirer. J'ai cru que j'allais mourir. C'était la première fois que je voyais ma vie défiler en deux secondes. J'ai vraiment cru que c'était la fin pour moi.

Les enfants se sont réveillés. Aline m'a appelée, et c'est là qu'il m'a relâchée. J'ai couru à l'étage et je me suis enfermée avec mes deux enfants. Théo était trop petit pour comprendre, mais Aline avait vu que ce qui se passait n'était pas normal.

J'ai attendu qu'il s'endorme, puis j'ai appelé une copine qui vivait la même chose que moi. Elle est venue me chercher en pleine nuit avec mes deux enfants, j'ai passé la nuit chez elle, on a couché mes enfants et on a discuté toute la nuit. Je suis rentrée le matin, il dormait et moi, en bonne petite épouse, j'ai tout rangé, pour ne laisser aucune trace de la veille. Nous fêtions l'anniversaire de Théo à midi et il fallait que tout soit nickel avant que la famille n'arrive. B s'est levé comme si de rien n'était, pas d'excuse, un café, et il est reparti pour rentrer plusieurs heures plus tard dans le même état d'ébriété que la veille, mais toute la famille était là. Mes parents se sont vite rendu compte que quelque chose n'allait pas, mais je savais bien mentir. Je faisais semblant plaisantant et riant très fort pour cacher mon mal-être... Ce n'était rien de bien grave, juste une petite engueulade comme dans tous les couples. Il y a des hauts et des bas, mais les bas commençaient à être de plus en plus présents dans notre vie, C'était la première fois qu'il levait la main sur moi. Bien sûr, il m'a promis qu'il ne recommencerait jamais, mettant cela sur le compte de l'alcool, de la fatigue, du boulot, bref, il cherchait des excuses. Mais aucune excuse ne doit être recevable. Personne ne doit faire ce genre de chose. Le lendemain, il fallait reprendre le cours de notre vie comme si rien ne s'était passé. Théo est entré à l'école à deux ans et demi, et moi j'ai repris mon travail en charcuterie sur les marchés. J'adorais ça : préparer le camion à 5 heures du matin, le conduire sur le marché, me garer (pas toujours simple, mais je m'en sortais). J'étais dans mon élément : le contact avec les clients, l'ambiance du marché avec les commerçants, c'était vraiment très sympa.

Cependant, l'organisation de la vie de famille n'était pas simple. B n'était pas du tout un homme d'intérieur, donc je gérais tout : les enfants, l'école, la maison, les courses, et lui n'était jamais satisfait lorsqu'il rentrait à pas d'heure. Il travaillait dans l'entreprise familiale de charpente métallique aux côtés de son père. Ce dernier, bien qu'étant un grand traînard en dehors du travail, était extrêmement sérieux sur son lieu de travail. C'était un homme que j'ai beaucoup apprécié et, malheureusement, il nous a quittés.

La vie continuait, avec des journées parfois plus ensoleillées que d'autres. Peu à peu, je m'habituais à vivre un quotidien marqué par la peur au ventre, ne sachant jamais vraiment ce qu'il faisait de ses journées. Il partait chaque matin, prétendant travailler avec son père dans l'entreprise familiale. Pour lui, les fins de journée se terminaient souvent au bar ou à la salle de la société du village, là où se rassemblaient tous les poivrots du coin, et ce jusqu'à des heures indues. Et de plus en plus souvent, il rentrait à des heures indues, alcoolisé. Si j'étais déjà couchée, je devais me lever pour lui réchauffer son repas, lui tenir compagnie pendant qu'il mangeait, parfois dans le bruit, au risque de réveiller les enfants qui dormaient à l'étage. Cela a duré un certain temps, et je m'étais malheureusement habituée à cette vie. Aujourd'hui, avec le recul, je réalise que j'aurais dû réagir tout de suite ; cela aurait évité bien des malheurs.

Dans une période un peu plus calme, nous avons décidé de construire notre maison. J'étais tellement heureuse ! B m'impliquait pleinement dans le projet. J'ai même dessiné les plans d'une magnifique maison. Je pensais que nous allions repartir à zéro : un nouveau projet, une nouvelle vie. Mais, bien sûr, c'était une erreur. Tout n'était qu'illusion.

À cette époque, nous avions de l'argent, et il s'en servait pour m'acheter ou plutôt acheter mon silence. Les travaux ont donc commencé, avec l'aide précieuse de son père, heureusement qu'il était là. Son père parvenait à maintenir un certain équilibre chez B, car lorsqu'il était au travail, tout devenait sérieux.

Les travaux ont duré deux ans, rythmés par des hauts et des bas. Nous avons emménagé dans une maison à peine terminée, en nous disant que les finitions seraient faites plus tard, ce qui, bien sûr, n'a jamais été le cas.

Bref, la maison était magnifique : grande, lumineuse, presque un petit château doré… mais un château où, malheureusement, le bonheur n'a jamais vraiment régné.

Je vivais de plus en plus avec la peur au ventre. Le comportement de B changeait envers Aline. Il lui faisait bien comprendre qu'il travaillait pour la nourrir, que ce n'était pas grâce à la pension alimentaire donnée par son père qu'elle pouvait avoir ce qu'elle avait au quotidien. La pauvre ne comprenait pas ce qu'il se passait. Pour elle, c'était son papa adoré… mais il devenait un étranger.

Pour B, le seul qui comptait vraiment, c'était son fils, l'héritier de la famille, un "vrai", contrairement à Aline, qu'il considérait comme une "rapportée". Il était devenu agressif avec elle, ne la supportait plus. Tout ce qu'elle faisait était mal à ses yeux. Mon cœur se brisait un peu plus chaque jour en voyant cela, mais je ne pouvais rien dire.

Je ne devais pas me plaindre : je possédais une belle maison, et si j'étais là, avec lui, entourée de tout ce que nous avions, c'était, bien sûr, grâce à lui… alors tais-toi et subis.

Son père a pris sa retraite et lui a légué son entreprise. Une grosse erreur, là encore. Pour gérer une entreprise, il faut se lever le matin et être présent sur les chantiers. Mais vu qu'il rentrait souvent à pas d'heure, dans un état déplorable et dégradant, il était impossible pour lui d'être en pleine forme le lendemain matin. Il passait ses journées au bar, et une fois que celui-ci fermait, il finissait à la société. Plus l'heure avançait, plus je m'inquiétais de l'état dans lequel il allait rentrer. En général, je ne me trompais jamais. Je couchais les enfants chaque soir, sans qu'ils aient vu leur papa.

Aline commençait à ressentir ce qui se passait. Elle me voyait changer de comportement, la peur transparaissant sur mon visage. Une fois les enfants au lit, je faisais tout pour que rien ne le mette en colère. La maison était impeccable, j'avais préparé un petit plat qu'il adorait, le linge toujours bien repassé et rangé... Bref, je m'assurais que rien ne puisse le faire déraper. Très tard dans la soirée, il rentrait enfin. Je devais l'attendre, sinon il m'aurait sortie du lit. Je devais le servir. Il y avait des signes qui montraient son état : déjà, la façon dont il arrivait dans la cour. Il passait un temps fou à sortir de sa voiture, urinait dehors, peu importe les voisins, puis il rentrait en claquant la porte d'entrée. Là, les bruits dans le couloir me disaient immédiatement dans quel état il était. C'était horrible, je savais déjà quelle soirée m'attendait.

Bien sûr, il fallait que je l'embrasse dans ces moments-là. Il devenait "amoureux", mais son haleine me dégoûtait. Encore aujourd'hui, je reconnais un homme qui a bu, et leur comportement me répugne. Même des gens que j'apprécie et que je côtoie, leur comportement change et leur conversation devient incohérente dès qu'il y a trop d'alcool. Je ne comprends pas qu'on puisse en arriver là. La personne avec qui je vis aujourd'hui ne boit pas beaucoup, et si jamais cela devenait trop fréquent, je ne le supporterais pas, bref il me disait que j'étais la plus belle, la meilleure... des paroles d'ivrogne. Je ne supportais pas qu'il me touche, mais si je le repoussais, cela dérapait. Souvent, il mettait la musique assez forte ou descendait au sous-sol pour démarrer sa moto, accélérant volontairement pour faire trembler la maison. Mais lui, ça l'amusait, et il se rendait bien compte à quel point cela me dérangeait. Du coup les enfants se réveillaient ils devaient descendre et dire bonsoir à leur papa. Aline voyait bien que ce n'était pas normal. Théo, lui, était déjà en admiration. Son père, un héros, le meilleur des papas. Il ne manquait de rien, sauf de sa présence. Il fallait absolument qu'il raconte sa journée à l'école, savoir s'il avait bien travaillé, car c'était important pour reprendre l'entreprise familiale... et ainsi de suite.

Je réussissais tant bien que mal à les recoucher. Théo se rendormait rapidement, mais je savais que pour Aline, cela serait plus difficile. Elle s'inquiétait toujours pour moi. J'essayais de la rassurer, mais je pense qu'aucun mot n'aurait pu apaiser ses inquiétudes. Une fois les enfants couchés, la soirée ne faisait que commencer pour moi. Je devais m'asseoir à côté de lui pendant qu'il mangeait. Une fois, je ne me souviens même plus pourquoi, j'étais assise au bout de la table. Dans un accès de colère, il a poussé la table contre le mur, me coinçant entre le mur et la table, le souffle coupé. Une autre fois, furieux contre le repas, il a lancé son assiette contre le plafond. Rien ne semblait lui plaire. Je ne disais rien, attendant simplement qu'il décide de me libérer. Je ne devais surtout pas hausser le ton, cela aurait été encore pire. Comme toujours, je me taisais, jouant le rôle de la "bonne petite femme", débarrassant la table pendant qu'il s'installait dans le canapé, attendant que je le rejoigne. Il fumait, regardait la télévision pendant une heure environ. Puis venait le moment de se coucher. Évidemment, vu l'heure, il n'y avait pas de douche. L'odeur de la journée, mélangée à celle de l'alcool, était insupportable, mais je n'avais pas le choix. Lui se couchait ainsi, et moi, je passais dans la salle de bain, prenant bien mon temps, espérant qu'il s'endorme. Parfois, cela fonctionnait, mais pas toujours.

Il fallait faire le devoir conjugal. Ma vie sexuelle n'a jamais été ce qu'elle aurait dû être, ce que toute personne pourrait espérer. Je me couchais à côté de lui, tel un automate, lui laissant faire ce qu'il avait à faire sans se soucier de ce que je ressentais. De toute façon, je ne ressentais rien. Une fois qu'il avait fini, il basculait sur le côté et s'endormait en ronflant. Je me sentais sale, humiliée, dégradée. Je retournais alors me doucher, et la nuit se poursuivait dans le canapé, près de la cheminée, espérant de tout cœur qu'il ne se réveille pas. Certaines nuits, je montais dans la mezzanine à la recherche d'un peu plus de confort, loin de la réalité qui m'écrasait. Souvent, Aline ne dormait pas. Elle écoutait ce qui se passait, et en me voyant monter, elle venait me voir. Je lui disais : « Ne t'inquiète pas, ma chérie, on va partir tous les trois. Je vais le quitter, je te le promets. » Et elle me répondait, avec une sagesse d'enfant : « Tu dis ça à chaque fois, maman, mais tu lui pardonnes toujours. » Je lui rétorquais, les larmes au bord des yeux : « Mais cette fois, c'est la bonne. Je ne supporterai plus ses violences. » Et comme elle avait raison, le lendemain, la vie reprenait son cours comme si la soirée de la veille n'avait jamais eu lieu, jusqu'à ce que tout recommence, encore et encore.

La violence était de plus en plus présente dans notre couple, tout comme l'alcool. Il y a même eu une période où je me suis mise à traîner dans les bars et les sociétés avec lui, mes deux enfants. Je buvais un peu aussi, et, étant moi-même un peu alcoolisée, nos disputes devenaient moins fréquentes, et je le trouvais parfois plus agréable. Mais rapidement, je me suis rendu compte que ce n'était pas la bonne solution. Le problème n'était pas moi, mais l'alcoolisme de mon mari.

J'ai cessé de travailler sur les marchés pour lui, je devais rester à la maison et m'occuper de la gestion de l'entreprise. Mais moi, j'ai toujours voulu avoir un emploi pour subvenir au foyer et ne pas avoir de reproches par la suite. Alors, je suis devenue assistante maternelle à domicile. Cependant, lorsque mon mari rentrait tôt, il ne supportait pas les enfants que je gardais. Souvent, quand il rentrait l'après-midi, il avait déjà mangé au restaurant et était sorti à 15 h, alcoolisé et inapte à retourner travailler. Donc, être à la maison avec des enfants qui jouent ou qui pleurent, ça ne lui convenait pas. En plus, j'avais honte quand les parents arrivaient le soir et qu'il était endormi sur le canapé à ronfler.

J'ai donc arrêté de travailler. Mais lui aussi n'avait plus de chantiers, donc plus de revenus. Moi, je touchais le chômage, mais ce n'était pas suffisant. La maison à payer, les enfants à nourrir, et une entreprise qui ne tournait plus, ça commençait à devenir insupportable. Pendant ce temps, lui passait son temps à la société, où il avait toujours un billet qui en poussait un autre. Nous avons dû vendre une partie de notre terrain pour payer les dettes de l'entreprise. Quant à moi, j'allais à la banque alimentaire pour nourrir ma famille. Mais lui en avait honte. Personne ne devait le savoir, personne ne devait me voir, car c'était tout près de la société Il avait une image à préserver, un rôle à tenir.

Et pourtant, il osait se plaindre… Se plaindre qu'il n'y ait pas d'alcool dans les colis, se plaindre que certaines conserves soient périmées. Mais pour moi, rien de tout cela n'avait d'importance. L'essentiel, c'était que mes enfants puissent manger.

Il m'a fait la promesse, bien des fois, de se faire soigner. Il allait suivre une thérapie et tout redeviendrait comme avant, il me disait : « Rappelle-toi comme on était heureux avant ». Maintenant, avec du recul, je pense qu'il a toujours bu. Il a toujours aimé faire la fête, ses copains passaient avant tout. Oui, au début, j'étais heureuse. Je l'ai aimé trop longtemps, je pense, car si mon amour pour lui avait cessé plus tôt, je n'aurais pas subi tout ça et je n'aurais pas fait subir cette tristesse à mes enfants. La vie continuait, mais je ne trouvais pas le courage de le quitter. Il me faisait peur et me menaçait de me tuer, moi et mes enfants, si je le quittais. Il me disait : « Ta vie, c'est avec moi, jamais tu n'auras un autre homme dans ta vie ». Mais moi, je ne voulais plus jamais vivre avec quelqu'un. Ce que je voulais, c'était être seule avec mes deux petits amours, qui commençaient eux aussi à vivre cette situation difficilement. À tout moment, je redoutais qu'ils en parlent à l'école ou à la famille. Je leur avais confié que c'était notre secret, qu'il ne fallait en parler à personne. Mais qui étais-je pour leur demander une chose pareille ? Mes pauvres chéries, je n'avais pas le droit de vous imposer un tel fardeau. En fin de compte, j'avais honte de cette situation, sûrement parce que je n'avais pas encore trouvé le courage d'y mettre fin.

Pourtant, certaines personnes étaient au courant de ce qui se passait à la maison, comme sa mère. Mais selon elle, c'était ma faute s'il se comportait ainsi, car je le mettais toujours en colère et il se défendait comme il le pouvait. Elle a toujours excusé ses gestes jusqu'au bout. Une fois, j'ai débarqué chez elle en pleine nuit avec mes deux enfants. Je lui ai demandé les clés de leur maison au Croisic, pour partir quelques jours. J'ai fait la route de nuit en pleurant tout du long, ne sachant même pas ce que j'étais en train de faire. Le voyage a été long. Nous sommes arrivés dans une maison non chauffée. J'avais dit aux enfants que nous partions en vacances, tous les trois. Théo croyait que papa nous rejoindrait, mais il ne savait pas où nous étions. Il m'a appelée pendant trois jours sans que je réponde. Finalement, j'ai fini par rentrer. Là encore, il a fait des promesses qu'il a tenues une semaine, pas plus. Les vieux démons sont rapidement réapparus et la vie a repris son cours.

Un autre couple d'amis... enfin, je ne peux plus les considérer comme des amis depuis ce jour-là. Pourtant, nous étions tous très proches et avons passé de nombreuses soirées ensemble. L'une d'elles restera gravée dans ma mémoire. C'était lors d'un repas, devant mes deux enfants, où mon mari m'a donné un coup de boule. Je l'avais contrarié parce que je n'étais pas d'accord avec la conversation en cours. À ce moment-là, il s'est tourné vers moi et Bam ! Je n'ai rien compris. J'avais des bourdonnements dans les oreilles et mal à la tête. Tout le monde a crié. Une personne l'a sorti dehors, une autre m'a mis de la glace. C'était un cauchemar, mes enfants pleuraient et hurlaient, mais non, c'était la réalité. Mon mari m'avait mis un coup de boule. Comme il l'a dit, ce n'était rien de grave, ce n'était pas cassé et, selon lui, je l'avais bien mérité. Il s'est excusé et nous sommes rentrés à la maison. Mais le lendemain, j'avais un œil au beurre noir. Nous étions invités chez mes parents. Comment allais-je expliquer cela ? J'ai simplement dit que j'étais tombée dans l'escalier chez des amis. Mon mari a confirmé en me prenant dans ses bras et en disant "quelle maladroite", puis nous avons ri. Je sais bien que mes parents ne m'ont pas crue.

Je savais que si je racontais cela à mes parents, jamais ils ne m'auraient laissée repartir, et je n'étais pas encore prête à le quitter, du moins pas à ce moment-là. Il y avait encore un peu d'amour, mais surtout cette épée de Damoclès au-dessus de ma tête, qui a failli me coûter la vie. Une fois de plus, il est rentré avec sa tête d'ivrogne. Je ne sais pas comment j'ai fait, mais j'ai réussi à emmener les enfants chez ma sœur, puis je suis rentrée. Il était dans le sous-sol, assis à son bar, en train de nettoyer son fusil de chasse. Je suis restée dans l'escalier, pétrifiée, incapable de bouger. Il voulait que je m'approche. Il voulait savoir où étaient les enfants, car il devait être là avec nous. Il a ajouté que Théo devait apprendre à nettoyer un fusil de chasse, qu'il devait savoir ce qu'est un homme. Un homme ne pleure pas, il n'est pas une "mauviettes". Notre fils sera comme lui, il devra se faire respecter et ne pas se laisser dominer par une femme.

Tétanisée, je me suis approchée de lui, et là, il a posé le canon de son fusil sous mon menton. J'ai cru que je ne reverrais jamais mes enfants. Mais au moins, ils étaient en sécurité Il m'a fait promettre de ne jamais le quitter, de l'aimer, sinon ma vie serait terminée. Alors, j'ai fait ce qu'il m'a demandé, encore une fois.

J'ai décroché un emploi chez « Maison du Monde » pour la saison de Noël. Je finissais souvent tard et, comme d'habitude, lui ne travaillait pas, donc il s'occupait des enfants. Il m'appelait au travail pour un oui ou pour un non. Un soir, je suis rentrée à 22 h et il n'y avait personne à la maison. Je l'ai appelé à plusieurs reprises sans réponse. Inquiète, j'ai repris ma voiture et je l'ai trouvé à la société, complètement ivre, avec mes deux enfants qui dormaient sur une table. J'ai pris mes enfants sans dire un mot, je les ai faits manger et coucher, en sachant ce qui allait se passer en rentrant.

Comme à chaque fois, ce fut le claquement de porte et les hurlements. J'étais une "salope" qui traînait dans les magasins, et il disait sûrement que j'avais un gigolo à Angers. Les insultes, les menaces, les humiliations ne manquaient pas. Puis, c'est parti en violence. Les chaises, la table, des coups de poing que je tentais d'esquiver mais qui laissaient des trous dans les murs, là où j'ai dû accrocher des tableaux par la suite pour les cacher.

Une soirée horrible, qui se terminait toujours de la même façon douche, coucher, devoir conjugal.

Je suis allée me coucher dans la mezzanine, où j'ai croisé ma fille. Elle me regardait, les yeux pleins de larmes, et ne croyait plus en mes promesses. Je lui disais toujours que tout irait bien, mais elle ne me croyait plus.

Cette nuit-là, il est monté me rejoindre, car il avait fait pipi au lit et m'a demandé de nettoyer. Il s'est couché dans la mezzanine, et moi, je suis descendue pour nettoyer, tout en sachant qu'il me reprocherait cela le lendemain, me traitant de menteuse.

J'ai dû me rendre à l'évidence : rien ne changerait. J'ai donc pris la décision de prendre les choses en main. J'ai déposé mes enfants à l'école et je suis partie à la CAF pour me renseigner sur les droits auxquels j'aurais accès si je prenais un logement seul avec deux enfants. Mais je ne suis jamais arrivée à destination. J'ai eu un accident. Heureusement, il n'y avait rien de grave, mais la voiture était bien abîmée.

Je suis rentrée chez nous sans passer à la CAF. Il était là, à la maison. Je suis sortie de la voiture pour lui expliquer ce qui s'était passé. Je lui ai dit de ne pas s'inquiéter, que j'avais fait un constat et que tout allait bien, mais pour lui, ce n'était pas le cas. Il m'a attrapée par les cheveux et m'a traînée par terre en m'insultant. J'ai passé un très mauvais quart d'heure, et à ce moment-là, toute idée de partir a été écartée.

Les jours se suivaient et se ressemblaient. Pour ajouter encore plus de malheur à notre vie, son père a été diagnostiqué avec un cancer et nous l'avons perdu rapidement. Ce fut une descente aux enfers pour lui, et je pouvais comprendre sa peine. Mais il ne fallait pas noyer sa douleur dans l'alcool, pourtant c'était ce qu'il faisait, comme sa mère avant lui. Et maintenant, il fallait aussi gérer cette situation.

Je ne pouvais pas comprendre sa peine pleinement, mais moi aussi je souffrais. C'était une personne que j'appréciais beaucoup, et sa disparition m'affectait aussi. Mais avec cela est venue une déchéance qui n'a fait qu'empirer notre situation.

La famille commençait à se rendre compte que quelque chose n'allait pas dans notre vie, mais personne ne bougeait. Et de toute façon, comme je n'étais pas encore prête à le quitter, j'aurais sûrement tout nié.

Un week-end, son oncle et sa tante étaient venus passer quelques jours chez nous. Comme toujours, la soirée a été bien arrosée. Sa tante est allée se coucher pendant que je rangeais tranquillement, persuadée qu'en présence de sa famille, il se tiendrait à carreau. Grosse erreur. Je ne sais ni comment ni pourquoi, mais il m'a soudainement lancé son verre. Par réflexe, j'ai eu juste le temps de me baisser, sinon je l'aurais pris en pleine tête.

Son oncle, au lieu d'intervenir, a simplement pris la fuite et s'est précipité dans sa chambre. Je n'ai pas compris... Merde, il aurait pu réagir, me défendre, ou au moins rester un peu avec moi le temps que l'orage passe. Mais non.

Les insultes et les reproches ont suivi. Heureusement, cette nuit-là, il s'est endormi sur le canapé, ce qui m'a permis de regagner mon lit. Mais je n'ai pas fermé l'œil, terrifiée à l'idée qu'il se réveille et vienne me rejoindre.

Le lendemain matin, au petit-déjeuner, personne n'a évoqué ce qui s'était passé la veille. Comme si de rien n'était. Quelques semaines plus tard, nous avions fait rentrer du bois pour la cheminée. Comme toujours, c'était moi qui devais m'en occuper : vider les cendres, nettoyer la vitre, parce que monsieur exigeait qu'elle soit toujours impeccable.

Ce jour-là, il pleuvait à torrents, le terrain était boueux, et les enfants nous regardaient par la fenêtre. Après un moment, transie de froid et complètement trempée, j'ai dit que je rentrais. Mais lui en avait décidé autrement.

D'un geste brutal, il m'a poussée. Je suis tombée au sol, et avant même d'avoir le temps de me relever, il m'a attrapée par les cheveux et traînée dans la boue. À travers la fenêtre, je voyais mes deux amours, impuissants, témoins de cette scène insupportable. J'avais honte. Honte de ne pas pouvoir me défendre.

Je l'ai supplié d'arrêter, mais il n'écoutait pas. Alors, pour calmer le jeu, j'ai continué à ranger le bois en silence, comme si de rien n'était.

Je ne pouvais pas continuer à vivre comme ça, à faire subir ces horreurs à mes enfants. Il fallait que je réagisse, que je trouve une issue. Mais comment faire sous l'emprise de ce manipulateur ? J'étais prisonnière d'une peur qui me paralysait, perdue dans un engrenage dont je ne voyais pas l'issue.

Un soir, nous étions installés sur le canapé, discutant d'un sujet dont je ne me souviens plus. Je voulais simplement donner mon avis, comme n'importe qui dans une conversation normale. Mais pour lui, c'était inacceptable. Comme à chaque fois que j'osais ne pas être d'accord avec lui, la discussion a dégénéré en dispute. À ses yeux, j'étais sa femme, et cela signifiait que je devais me plier à tout ce qu'il disait ou faisait, sans jamais remettre en question son autorité. Il a alors saisi le tisonnier de la cheminée, me menaçant avec. Puis, brusquement, il s'est retourné, prêt à me le planter dans le ventre. J'ai hurlé de terreur et l'ai repoussé de toutes mes forces. C'est à ce moment-là que mes enfants sont descendus, paniqués, les larmes aux yeux, suppliant leur père de me lâcher.

Son regard s'est alors posé sur Aline. Rouge de colère, il s'est jeté sur elle. Je ne sais pas ce qu'il aurait pu lui faire, mais il était hors de lui. À cet instant, j'ai compris que la limite était franchie. Je m'étais juré qu'il ne leur ferait jamais de mal, et là, il venait de commettre l'irréparable.

D'un geste instinctif, j'ai attrapé mes enfants et nous nous sommes enfermés dans une chambre. Ils étaient pétrifiés, tremblants. C'est là que le déclic s'est produit : moi vivante, il ne leur arriverait rien. Mais pour les protéger, je devais rester en vie.

À cet instant précis, je savais que la limite avait été franchie. Il n'y avait plus de retour en arrière. Je ne pouvais plus rester dans cette situation, car je ne serais peut-être pas là le jour où il recommencerait à s'en prendre à mes enfants. Je devais le quitter, pour leur sécurité, pour leur bien-être, et pour le mien. C'était la décision la plus difficile de ma vie, mais la plus juste. Le matin, au réveil, je ne me sentais pas bien du tout. Une immense fatigue m'envahissait, comme si mon corps et mon esprit refusaient de continuer ainsi. J'ai pris rendez-vous chez mon médecin. Il a vite compris que quelque chose n'allait pas, sans que j'aie besoin de lui parler de ce qui se passait réellement à la maison.

Son diagnostic est tombé : une grosse dépression. Il m'a prescrit un arrêt de travail pour plusieurs semaines, pensant que le repos suffirait à me remettre sur pied. Mais au fond de moi, je savais que ce n'était pas seulement de repos dont j'avais besoin.

Il fallait que je prépare ma sortie. Je ne resterais pas une minute de plus avec ce monstre. Mais comment partir sans provoquer une explosion de violence ? Comment éviter qu'il ne devienne encore plus dangereux ?

Avec le recul, je me rends compte qu'il n'y a jamais de "bonne" façon de quitter quelqu'un. Dans une séparation, il y a toujours une part de souffrance. Mais moi, cela faisait des années que je subissais la maltraitance de mon mari. Cette fois, c'était à lui de souffrir. Moi, je voulais juste survivre.

Le lendemain matin, comme d'habitude, nous avons agi comme si de rien n'était, mais moi, ma décision était prise. Je savais qu'un jour, je partirais, et ce serait trop tard pour notre couple. Ce matin-là, j'ai décidé de partir avec Théo et

Aline sans rien leur dire. Nous allions simplement voir mes parents, tandis que lui irait retrouver ses amis à la société. Nous nous retrouverions à la maison comme chaque samedi : lui de son côté, moi du mien.

Je suis arrivée chez mes parents, mais je n'étais pas vraiment bien. Je ne parlais pas beaucoup, ce qui n'était pas dans mes habitudes. Ma mère a vite remarqué que quelque chose n'allait pas. Je lui ai dit que j'étais un peu fatiguée, pas en forme, que j'avais le moral dans les chaussettes. Je lui ai menti en lui disant que j'étais en arrêt pour une angine, personne ne savait ce que je traversais.

Maman a alors proposé d'aller faire un tour en ville avec les enfants, je suis sortie, je me suis effondrée. J'ai tout raconté à ma mère : les coups, la vie que je menais, l'alcoolisme de mon mari, les problèmes financiers, et surtout, comment je rendais mes enfants malheureux. C'était un soulagement de tout lui avouer, mais en même temps, cela me faisait tellement de mal de lui dire la vérité. J'avais honte de ce que je vivais, même si aujourd'hui, je me rends compte que je n'ai rien fait de mal. J'ai simplement accepté de supporter tout ce malheur, par amour ou par peur, je ne sais plus. Mais aujourd'hui, je comprends que personne ne devrait vivre dans une telle situation. Je ne cherche pas à être pleurée ni à être vue comme une victime. À tout moment, j'aurais pu dire stop, mais à l'époque, je n'avais ni la force ni le courage de le faire. Personne n'a à subir la violence, peu importe la forme qu'elle prend.

En révélant la vérité à ma famille, je savais qu'ils seraient là pour moi, et c'était définitif : je ne reviendrais pas en arrière. Avouer tout cela n'a pas été facile. Je me souviens encore du regard de mon père, rempli de colère envers B et de tristesse pour le mal qu'il m'avait fait. Ma mère a ressenti la même chose, mais elle ne me l'a pas montré de la même façon. Dans ses yeux, j'ai vu de la colère, de l'amour, mais surtout une promesse silencieuse : « Ne t'inquiète pas, ma fille. On est là pour toi. Tu restes chez nous, et on va t'aider. Jamais plus il ne te touchera. »

Maman, c'est le pilier de notre famille. Parfois un peu brusque dans ses paroles, mais c'est exactement ce dont j'avais besoin ce jour-là. Et ils ne m'ont jamais lâchée, jusqu'au bout.

C'était parti, j'étais lancée et surtout, je ne devais pas me retourner. B m'a appelée, me disant de rentrer, qu'il m'attendait à la maison. Mais cette fois, avec une certitude en moi, je lui ai répondu que je ne rentrerais pas, ni aujourd'hui ni un autre jour. C'était fini entre nous, je le quittais.

Sa colère est montée, il a raccroché et a débarqué chez mes parents. Je ne suis pas sortie, mes parents sont intervenus pour moi, restant calmes, mais lui, il était hors de lui. Je l'entendais, figée, mais déterminée.

Il est finalement reparti, mais je savais que pour lui, ce n'était pas fini. Il allait sûrement boire à s'en détruire et revenir me harceler de plus belle.

Je suis restée chez mes parents, les pauvres. Je ne sais pas si un jour ils liront ce livre, je leur ai raconté beaucoup de choses, mais je crois qu'il y a encore bien des choses qu'ils découvriront. Les appels de B n'ont pas cessé, à n'importe quelle heure du jour ou de la nuit. Menaces, larmes, supplications… j'ai eu droit à tout. Il me disait que j'étais la femme de sa vie, qu'il s'excusait sans cesse, qu'il allait se faire soigner. Promesses en tout genre, toujours la même rengaine, mais cette fois, je savais que c'était la bonne décision, et je n'ai jamais regretté.

Nous avons logé chez mes parents pendant environ deux semaines. Je ne pouvais pas rester plus longtemps, il fallait que je reprenne ma vie en main. J'ai trouvé un appartement avec deux chambres pour mes enfants et moi, le salon faisant office de pièce commune. Mais il fallait déménager, et je savais qu'il en était encore furieux. Il a finalement accepté que je récupère mes affaires, mais sachant que le fusil de chasse était toujours présent dans la chambre, je n'étais pas sereine. Quelques semaines avant, une femme, non loin de chez nous, avait été tuée dans sa cour parce qu'elle avait voulu quitter son mari.

J'ai donc appelé la gendarmerie pour m'aider à déménager. Il en a profité pour partir en Martinique, voir son neveu. Prendre cette décision n'a pas été facile, mais vivre après cela n'a pas été simple non plus. J'étais toujours en dépression, en arrêt, et je faisais des crises d'angoisse. J'avais ce que je voulais, mais je n'étais pas bien dans ma peau. Je ne regrettais pas du tout ma décision, mais je ne savais pas comment l'expliquer. Était-ce tout ce que j'avais vécu, tout ce que j'avais porté sur mes épaules, qui me causait cet état ? Je n'en suis pas certaine, mais j'ai été mal pendant plusieurs années.

Le cauchemar a continué quelque temps, souvent au téléphone. Il est même une fois venu en bas de notre immeuble, suppliant de revenir à la maison. Les enfants étaient pétrifiés. Nous étions tous les trois blottis dans mon lit, espérant qu'il parte. Mais il est parvenu à monter, et s'est allongé à notre porte, endormi. J'ai appelé la gendarmerie, qui l'a délogé, et appelé sa mère pour qu'elle vienne le récupérer.

Une séparation est rarement un chemin paisible. Quand j'ai quitté cette vie, je me suis retrouvée seule, mais libre. J'avais récupéré un logement et j'y avais mis ma touche personnelle : des couleurs vives qui me redonnaient un peu de joie, des meubles simples, souvent de l'occasion, mais cela m'importait peu. Je me sentais allégée, débarrassée d'un poids immense. Enfin, presque…

Malheureusement, la dépression continuait à m'enfermer dans un état de tristesse et de fatigue permanent. Chaque jour était une lutte pour avancer, pour retrouver une énergie que je croyais perdue. À cela se sont ajoutées des crises d'angoisse, violentes et imprévisibles. Une après-midi, alors que je croyais pouvoir tenir le coup, une crise a pris le dessus, Je manquais d'air, ma respiration s'accélérait de façon incontrôlable, et je me suis effondrée en larmes. Mes enfants étaient là, paniqués. Je voulais les épargner, alors je me suis réfugiée dans les toilettes pour qu'ils ne me voient pas dans cet état. Mais ma fille aînée a ouvert la porte et m'a trouvée recroquevillée autour des toilettes, incapable de bouger. C'était un moment terriblement difficile. Mes enfants, en voyant ma détresse, m'ont donné la force de chercher des solutions. Je savais que je devais me relever, non seulement pour eux, mais aussi pour moi-même. Mes enfants étaient mon miroir, et à travers eux, je pouvais mesurer l'impact de mon état de santé. Je voyais leur inquiétude, mais aussi, par moments, une lueur de joie et un apaisement qui me donnaient un peu de courage.

Aline, ma fille aînée, portait en elle une peur profondément ancrée. Elle redoutait de croiser B sur le chemin de l'école, une peur qui ne l'a jamais vraiment quittée. Encore aujourd'hui, je crois qu'elle préférerait ne jamais le revoir. Cette peur me déchirait, mais je voyais aussi qu'avec le temps, elle retrouvait une part de sérénité, loin de ce stress constant.

Théo, plus jeune, avait une manière différente de gérer la situation. Parfois, il ne comprenait pas tout ce qui se passait ou, peut-être, refusait de le comprendre pour se protéger. Il avait cette innocence désarmante et ce besoin de me rassurer, même dans les moments les plus sombres. Il venait souvent vers moi, me serrant dans ses bras et me disant : *"T'inquiète, mamounette, je suis là."*

Ces instants, bien que chargés d'émotion, m'ont permis de garder un lien avec l'espoir. À travers leur amour et leur résilience, j'ai compris que, malgré mes failles, je pouvais continuer à avancer pour eux. Et peu à peu, cette force qu'ils me transmettaient m'a permis de commencer à me reconstruire, même au milieu de mes propres tempêtes.

Quelques temps avant de prendre la décision de quitter mon mari, j'ai recontacté mon meilleur ami, Fab, dont je vous ai déjà parlé. Il m'a demandé ce que je devenais, et je lui ai confié mon intention de partir. Nous nous sommes revus peu après et, contre toute attente, il a lui aussi quitté sa femme pour être avec moi.

Fab n'était pas malheureux, mais il n'était pas heureux non plus. Sa vie de couple ressemblait davantage à une colocation qu'à une véritable relation. Son départ a été un choc pour son entourage, car il ne laissait rien transparaître. Pour sa famille, tout semblait aller pour le mieux. Même ses enfants ne s'étaient pas rendu compte que l'amour avait disparu. Comme moi, il faisait semblant d'avoir une famille heureuse. Je pense qu'il l'était, mais l'amour entre lui et sa femme s'était éteint depuis longtemps. Cependant, la vie continuait dans un certain confort. Bien sûr, chez eux, il n'y avait pas de violence, Fab était un vrai papa poule, comme son fils avec ses enfants

La séparation a été très difficile et brutale pour ses enfants. Fab a quitté rapidement le foyer pour venir vivre avec nous. De mon côté, j'avais toujours un mal-être, mais Fab était là pour moi, me chouchoutant. Ses enfants, l'ont supplié de revenir vivre avec eux, de recommencer leur vie là où ils l'avaient laissée avec leur mère. Et là, il a accepté. Mais pour moi, c'était impossible à supporter. C'était comme si, en repartant, il me quittait, et que notre relation s'arrêtait là.

Lui, il voulait essayer, pour ses enfants, même s'il savait que cela allait échouer. Mais au moins, il avait essayé. Ma réaction a été violente. J'ai pris des médicaments, et je n'en suis pas fière aujourd'hui. Ça aurait pu très mal tourner. Heureusement, j'ai eu le temps d'appeler deux amies qui m'ont sauvée. Elles m'ont emmenée aux urgences, et là, je me suis rendu compte de la gravité de mon geste. Que seraient devenus mes enfants si quelque chose m'était arrivé ? À l'hôpital, on voulait m'envoyer à Sésame pour un suivi, vu que j'avais tenté de me suicider. Mais pour moi, ce n'était pas une tentative de suicide. Je voulais simplement m'endormir, et au réveil, tout serait rentré dans l'ordre. J'ai refusé cette option et je suis rentrée chez moi. Mon frère est venu passer une semaine avec moi pour m'accompagner et m'assurer que je ne serais pas seule. Heureusement, mes enfants étaient en vacances : Aline chez mes parents et Théo chez son père. Cela m'a permis de prendre un peu de recul et de commencer à réfléchir. Aujourd'hui, j'arrive à dormir dans le noir, avec la porte de la chambre fermée, mais j'ai encore besoin d'un peu de lumière. Les cauchemars sont terminés. Je ne me réveille plus en pleine nuit, pétrifiée, me demandant si la personne qui dort à côté de moi est mon ex-mari ou Fab. C'était un cauchemar tellement réel que je n'osais même pas me tourner, de peur de voir son visage, de peur que ce soit lui. Je tremblais, je pleurais, je voulais m'enfuir, mais je ne voulais pas le réveiller. Et puis je me réveillais vraiment, soulagée, découvrant que c'était Fab, dormant paisiblement à mes côtés. Je pleurais, mais pas de peur. Ces larmes étaient celles de la joie. Je n'osais pas me rendormir, de peur de retomber dans cet horrible cauchemar. Ce fardeau a pesé sur moi pendant des années, m'obligeant à dormir les poings serrés et les orteils recroquevillés. Aujourd'hui encore, je ne peux pas dormir dans le noir complet, et je laisse toujours la porte de ma chambre entrouverte, de peur de me sentir enfermée. Mais Fab me connaît si bien qu'il sait, juste en regardant mon visage, quand quelque chose ne va pas. Pourtant, une chose est certaine : maintenant, c'est fini. Il ne viendra plus hanter mes nuits.

Nous vivions toujours à trois dans notre petit appartement quand j'ai présenté Fab à mes enfants. Ils l'ont accepté tout de suite, sans aucune hésitation. Mes parents et les parents de Fab, eux, n'ont pas été surpris. Ils avaient toujours su qu'il y avait un lien très fort entre nous, un lien qui, aujourd'hui, ne cesse de se renforcer chaque jour.

Je pourrais raconter toute mon histoire avec Fab, mais je n'ai pas besoin de la mettre sur papier. Ce que je ressens se voit au quotidien. Aujourd'hui, je suis enfin heureuse de vivre, d'être arrivée là où je suis, malgré toutes les embûches que la vie m'a réservées avant d'atteindre ce bonheur.

Je n'ai plus à faire semblant, que ce soit devant les autres ou dans ma vie quotidienne. Je peux enfin être moi-même, en toute sérénité. Les cauchemars ont disparu, et je sais maintenant que la personne qui partage mes nuits ne me fera jamais de mal.

Je pense avoir bien élevé mes enfants, et aujourd'hui, je les vois heureux dans leur vie. Je sais que rester avec B leur a fait du mal, mais avec le recul, ils comprennent pourquoi j'ai mis autant de temps à le quitter. Ils ont vu et vécu cette peur que je ressentais. J'espère sincèrement qu'ils ne m'en veulent pas trop. De mon côté, je me sens coupable chaque jour, car parfois je perçois encore les traces de ce que nous avons enduré. Je m'en veux de ne pas avoir eu le courage de partir plus tôt. Si j'avais agi plus tôt, peut-être qu'ils n'auraient pas eu à vivre tout ce que B nous a fait subir.

On se dit souvent que si notre histoire d'amour avait commencé à l'adolescence, nous ne serions peut-être plus ensemble aujourd'hui. Nous n'aurions pas eu nos enfants, et cela aurait été dommage, nous les aimons tellement. Nous n'aurions pas non plus connu la joie d'être grands-parents. Finalement, il fallait que nous vivions chacun de notre côté avant de nous retrouver, et cela fait maintenant près de 16 ans que nous partageons notre vie.

Notre seul regret, c'est de ne pas avoir eu d'enfant ensemble. Nous avons essayé, mais j'ai fait trois fausses couches, une douleur immense qui nous a brisés à chaque fois. Je pensais ne jamais m'en remettre... C'était une souffrance indicible de ne pas avoir ce "mini-nous". Chaque film ou image de bébé ravivait notre chagrin, et nous en avions les larmes aux yeux. Puis, avec le temps, nous avons appris à accepter cette réalité. Aujourd'hui, nos petits-enfants remplissent nos cœurs d'un bonheur immense, et nous savons que la vie nous a malgré tout offert de merveilleux cadeau.

Aujourd'hui, la vie est belle. Nous venons d'acquérir notre troisième maison, que nous faisons entièrement restaurer. Contrairement aux deux précédentes, c'est une maison ancienne, située à la campagne, dans la commune où nous nous sommes connus adolescents. Un véritable rêve pour moi... Revenir là où j'ai grandi, où j'ai été si heureuse avec mes parents, c'était une évidence.

Nous allons en faire un véritable cocon, un lieu chaleureux où les réunions de famille, les apéros entre amis et les soirées en amoureux rythmeront notre quotidien. Et pour assouvir notre soif de liberté, nous profiterons de notre camion aménagé pour partir dès que possible, explorer, voyager, mais surtout savourer chaque instant. Parce que la vie, c'est ça : la vivre pleinement, un jour après l'autre.

Avoir tout mis sur papier m'a beaucoup aidée à me reconstruire. Aujourd'hui, je ne veux plus écrire. Je veux vivre au quotidien la vie telle que je la désire, profiter de mes enfants et petits-enfants, de mes parents et beaux-parents tant qu'ils sont là, et surtout de mon mari que j'aime plus que tout."

Mon, amour, tu es mon meilleur ami, mon amant, mon confident. Celui qui sait lire en moi comme dans un livre ouvert, celui qui m'a sauvée de mes démons. À tes côtés, je me sens libre, légère, pleinement moi-même. Tu fais naître en moi des éclats de rire, tu embellis mes journées, et chaque instant passé avec toi est un cadeau.

Tu es un beau-père formidable pour mes enfants, un pilier dans ma vie. J'aime nos moments à nous, nos éclats de complicité, nos projets où j'apporte les idées et toi le talent. Tu ne me refuses rien, tu écoutes mes rêves et les rends possibles.

J'aime me réveiller chaque matin auprès de toi, sentir ta présence rassurante et douce. J'aime nos moments simples, nos instants de bricolage, nos regards échangés qui en disent long. Avec toi, chaque jour est une évidence.

Tout simplement, je t'aime.